星|座|学|霸|说

星座控人手一本的学习方法自助书

你的神秘，藏着小小的努力

星座学霸说 天蝎座

《意林》图书部 ＊ 编

吉林摄影出版社
·长春·

星座学霸说系列①

图书在版编目（CIP）数据

你的神秘，藏着小小的努力 /《意林》图书部编. -- 长春 : 吉林摄影出版社, 2018.12
（星座学霸说）
ISBN 978-7-5498-3862-2

Ⅰ. ①你… Ⅱ. ①意… Ⅲ. ①中学生 – 学习方法 Ⅳ. ①G632.46

中国版本图书馆CIP数据核字（2018）第246016号

星座学霸说
你的神秘，藏着小小的努力
NI DE SHENMI, CANGZHE XIAOXIAO DE NULI

出 版 人	孙洪军	印　张	7.5
主　　编	顾 平　杜普洲	版　次	2018年12月第1版
责任编辑	吴　晶	印　次	2018年12月第1次印刷
总 策 划	徐　晶	出　版	吉林摄影出版社
丛书统筹	吴珊珊	发　行	吉林摄影出版社
设计总监	资　源	地　址	长春市泰来街1825号
执行编辑	孙玉芳	邮　编	130062
封面设计	资　源	电　话	总编办 0431-86012616
美术编辑	郭　宁　李雪菲		发行科 0431-86012602
封面摄影	周一景	网　址	www.jlsycbs.net
发行总监	王俊杰	经　销	全国各地新华书店
开　　本	889mm×1194mm 1/32	印　刷	晟德(天津)印刷有限公司
字　　数	160千字		
书　　号	ISBN 978-7-5498-3862-2	定　价	32.90元

启 事

本书编选时参阅了部分报刊和著作，我们未能与部分作品的文字作者、漫画作者以及插画作者取得联系，在此深表歉意。请各位作者见到本书后及时与我们联系，以便按国家相关规定支付稿酬及赠送样书。
地址：北京市朝阳区南磨房路37号华腾北塘商务大厦1501室《意林》编辑部（100022）
电话：010-51900482

版权所有　翻印必究
（如发现印装质量问题，请与承印厂联系退换）

Part 1 我的专心就能秒杀你

星榜样
关晓彤的成功箴言：一个人不能骑两匹马…………………… 天蝎君 002

学霸在线
专心为路，剑指天涯…………………………………………… 沐墨年 006
从"小白"到学霸的进化之路——专心到底有多重要 ……… 刘晓璇 011

新知小识
课间锻炼有助于提升学习能力………………………………… 佚 名 016
用右耳听比左耳记得更牢……………………………………… 佚 名 017

走进常春藤
我就是很努力，有什么好笑的………………………………… 李开春 018
真正的特长是喜欢且擅长……………………………………… 沈十六 022
"不读书"的剑桥与"读书太慢"的牛津……………………… 周稀银 025
为什么美国名校学生更易成功 ………………………………Sherry 027
专心，是为了更好地致志……………………………………… 子 沐 030
年少成名相对论………………………………………………… 欧阳宇诺 032
关于阅读的秘密小路…………………………………………… 沈书枝 034
老陈布置的奇葩作业…………………………………………… 沈怀鸥 037

茶话会
用一句话说说天蝎座……………………………………………………… 040

Part 2 自信才是王道

星榜样
陈伟霆：不管明天多艰难，自信的你最安全……………… 天蝎君 042

学霸在线
别让不自信拖了你的后腿……………………………………… J 045
逆风局也别投降，自信就是上分王…………………… 茉莉胭脂 052

新知小识
如何提高自制力和专注度……………………………… 曾少贤 056
爬树可以提高记忆力…………………………………… 佚 名 057

走进常春藤
口吃界传奇：超级演说家绝非只靠嘴皮子……………… 李红都 058
一个差生的救赎………………………………………… 汪微微 065
拥有"最强大脑"，就能成才吗………………… 龚丹韵 方佳琦 069
为什么叠被子能改变一生……………………………… 贝小戎 072

茶话会
你是怎么培养自信心的………………………………………… 076

Part 3 一张无害脸，却早就瞄准猎物

星榜样
王源：喜欢我，就和我一起努力………………………… 天蝎君 078

学霸在线
定好目标，用适当的方法"玩转学习"………………… 王雍尧 082
有"的"放矢成就筑梦踏实……………………………… 林佳桦 087

新知小识
多争吵，益学习………………………………………… 李 备 092
侧睡有利大脑清除垃圾………………………………… 佚 名 093

走进常春藤
我算不上优秀，只是足够主动………………………… 刘媛媛 094
别忘了，你当年是第一………………………………… 杨熹文 101
我们大多数人，只能拼"行动力"……………………… 艾小羊 106

你的倔强，梦想港湾里发着光	七 月	109
放弃牛津的勇气	李 斌	111

茶话会
你们有什么样的目标呢		116

Part 4 坚持到底是梦想的万能胶

星榜样
杨紫：坚持，是可以自己选择的能力	天蝎君	118

学霸在线
守得云开才能见月明	小黄鸡欣蔚	122
坚持到底，砥砺前行	简 简	128

新知小识
常说某些词可能代表你"压力山大"	佚 名	134
不同学习类型会产生不同脑电波	辛 华	135

走进常春藤
坚持，足以和天赋抗衡	马徐骏	136
没实现的梦想，大都输给了坚持	喵里喵	141
世界上最大的无趣是你太无趣	布米米	144
集中注意力的五法	梁 妮	147
读名牌大学，到底有什么好	李柘远	152

茶话会
长这么大，你坚持最久的事情是什么呢		156

Part 5 勤奋是给自己最好的礼物

星榜样
宋佳：勤奋让我更有底气	天蝎君	158

学霸在线
书山有路勤为径	薰衣草	162
勤奋自定义——总有努力无须人知	郑光纯	167

新知小识

看纸质书更有利于学习 ······ 赵乾铮 172
爱吃蓝莓的孩子反应更快 ······ 李悦康 173

走进常春藤

我每天都做一件治疗拖延症的事 ······ 杨熹文 174
青春时候别偷人生的懒 ······ 权 蓉 177
"超能学神"是这样炼成的 ······ 张东亮 179
你与"学霸"之间就差一个字：练 ······ 佚 名 184
聪明人的笨功夫，只求51%的效率 ······ 古 典 188
珍惜每次当众出丑的机会 ······ 窦文涛 190
我生命里欠缺非常重要的一件事 ······ 二 美 193

茶话会

你是怎么看待勤奋的 ······ 196

Part 6 就是这么求真

星榜样

董卿：读书可以给人以力量，更能带我们接近真实 ······ 天蝎君 198

学霸在线

有向上行的能力，更要有脚踏实地的勇气 ······ 汪星宇 201
下一站：真理 ······ 小优优 206

新知小识

青少年"睡懒觉"才是正道 ······ 富 城 210
名字影响长相吗 ······ 郭五陵 211

走进常春藤

蒋方舟："天才"进化这二十年 ······ 李小鱼 212
哈佛教育最大特点：敢问敢说会"忽悠" ······ 李稻葵 219
你的天分在哪里 ······ 张佳玮 222
《创造101》：既然来了，当然要全力以赴啊 ······ 十三妹 225
愿你敢放手一搏，纵无所得 ······ 曲玮玮 229

茶话会

你究竟是怎么"打破砂锅问到底"的 ······ 232

我的专心就能秒杀你 Part 1

天蝎君

专心是一种能力。在学习、工作的时候,有的人一心只想着做好任务,"两耳不闻窗外事",也有的人大脑随时会开小差,所以得到的结果也就不同。如果你正在为此苦恼,那么,开始训练你的专心能力吧。

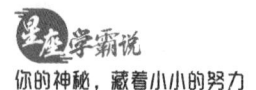
你的神秘，藏着小小的努力

关晓彤的成功箴言：一个人不能骑两匹马

文／天蝎君

2016年9月，"国民闺女"关晓彤以艺考90.41分，高考超过艺术类本科录取分数线206分的好成绩，成为北京电影学院的"双料状元"。年仅19岁的她已参演了64部电视剧、24部电影。人称"老戏骨，小学霸"。2017年，她还被网友投票选为"中国90后10大新偶像"，位列榜眼。这真的是超级厉害了，据天蝎君所知，关晓彤可是天蝎座哦，那么，关晓彤究竟有着什么样的成功之道呢？

你专心致志的样子真好看

关晓彤多年来一边当学生一边当演员，中学生有学业压力，做演员拍戏是常态，她是如何做到学习、演戏两不误的呢？

从5岁起，关晓彤初涉娱乐圈，到18岁时，她已经拍了70多部戏，为了给观众塑造更好的角色，深夜排练已经是"家常便饭"，拍戏、拍广告、拍MV（音乐短片），尽管关晓彤一直处于超忙碌状态，但她的学习成绩一直不错，正处于学习阶段的关晓彤，为了跟上学习进度，让父母给自己安排了合理的学习计划，高中阶段每个周日她都去上辅导班，每次去片场，她都带着一摞试题和卷子，揪着片刻工夫就埋头做题。在片场，年幼的关晓彤很少与其他演员一起吃饭贫嘴，而是抓紧零碎的时间学习。

因为从小有写日记的习惯，生活、学习、工作上的点滴都被她细心记录下来，因此，这些随笔被集结成书，于是她的第一部随笔作品《不知愁滋味》就这样诞生了。关晓彤在书中写道，不拍戏的时候，她的生活其实和所有中学生没有什么不同，紧张迎战高考的同时还总想着忙里偷闲看自己喜欢的小说。只不过她这个学生当得要更累一些，去外地拍戏时也得带着作业——同组的演员拍完戏可以休息，她还要回房间赶作业。可以说是很辛苦了。

一次，记者探班关晓彤的拍摄剧组，关晓彤拍完后坐在椅子上，工作人员上前为她解辫子、卸妆。卸妆期间关晓彤也没有闲着，一直在用英语和外国友人聊天，片场也不忘练习口语，专注又勤奋的样子忍不住让人为她点赞。

高考前3个月，关晓彤恰好接拍了《好先生》。她既不能耽误剧组的进程，又不能在关键时刻不学习，于是关晓彤便开启了"超女"模式。每天，她只要站在镜头前，就会保证"一条过"。然后，她再用省下来的时间，死磕书本。

"有一段时间，我都动摇了，感觉相当累，想要彻底不拍了。可一想到比我累的人多的是，我还年轻，不能矫情，便又振作了起

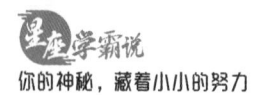

来。"最终，关晓彤也没能选择叛逆。她用自身的勤奋以及毅力，将生活中的暗涌谱成了引人注目的曲调，以总分552分的好成绩考入北京电影学院，成了演艺圈里名副其实的"学霸"。

一个人不能骑两匹马

有一次采访，记者问关晓彤："学业和拍戏两不误，你是如何做到的？"

关晓彤说："专注很重要，一个人不能骑两匹马，骑上这匹就要丢掉那匹。作为演员的时候好好拍戏，作为学生的时候好好学习，玩的时候就好好玩。最重要的是不要分心，专时专用，要静得下心、沉得住气，我此刻正在做的事，就是我一生中最大的事。只要集中所有精力专注地干每件事儿，就会发现其实时间都是够用的。如果同时干多件事，一会儿干干这个，一会儿干干那个，反而效率很低。我复习备战高考那段时间，非常专注，手机微信从来都不回复，每天大门不出二门不迈。一个人对一件事只有专注投入，才会带来乐趣。无论你过去对它有什么成见，觉得它多么枯燥，一旦你专注投入进去，它立刻就变得活生生起来！而一个人最美丽的状态，就是进入那种活生生的状态。"

俗话说，心专才能绣出花，心静方能理出麻。做一件事情，要专注地去做，静心地去做，才能成事。关晓彤巧以"不能骑两匹马"的精妙譬喻，表达了她是如何专注地去演戏、去学习、去复习备战高考，让人领略了专注的力量。

在学习和生活中也一样，我们要做的事情有很多，既不能三天打鱼，两天晒网，更要在做一件事时全神贯注地投入进去，这样才会做得好，效率高。

《快乐大本营》20周年时，关晓彤率领一群18岁的少年，对着镜头宣誓："我们会直面风雪和春风，胸怀星辰和海洋……"她穿着裙子，青春洋溢，正处于最美好的年华。

是啊，"年轻"是多么棒的字眼。相信关晓彤一定能将专心的魅力发挥到极致，在青春舞台上继续大放光芒。

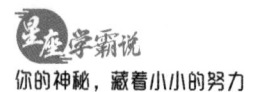

专心为路,剑指天涯

文 / 沐墨年

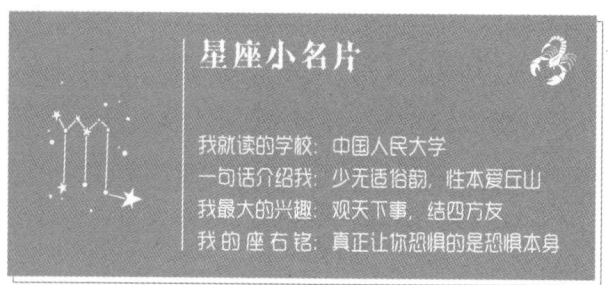

星座小名片

我就读的学校:中国人民大学
一句话介绍我:少无适俗韵,性本爱丘山
我最大的兴趣:观天下事,结四方友
我的座右铭:真正让你恐惧的是恐惧本身

作为大家印象中神秘而有魅力的天蝎(天蝎的标准自信脸),本蝎子从小到大总是经历这样的场景:

"同学,你学习的时候有什么高招吗?"

"专心一点儿,别老想着晚饭吃什么。"

"……"

虽然对话总是在这里莫名结束,但不用猜我也知道,他们一定是惊叹于本蝎的优秀!归根结底,让本蝎屡屡制胜的神秘武器就是专心!

专心，最简单来说，就是找准方向向前冲，管他暴雨和狂风。但是具体说来，专心的大前提就是找准方向。错误的方向会让你的专心变成闷头乱撞，这个时候越是专心，你离自己的目标就越远。

我曾经有一段时间特别迷恋画画，每天都沉浸在铅笔和画本的世界中不能自拔，画起来真是相当专心，根本不受外界干扰，宛如禅定。可是当时正值初三，虽然之前基础很扎实，但是还是或多或少地挤占了学习的时间，所以很理所当然地在月考中成绩出现了巨大退步。

在挨老师的教导和父母的白眼之前，我痛定思痛地想了想，自己的目标还真的不是成为一名画家，而是想和小伙伴们一起考上梦想的学校。目标一明确，方向就错不了了，当然是暂时和心爱的画笔作别，投身到轰轰烈烈的刷题生涯，然后成功坐在日思夜想的高中的教室去画画了。结果当然是把全部的精力都放回到学业中，自然就把摇摆的成绩拉回了正轨，也实现了自己的目标。

可能很多同学跟我一样，很容易对当前的事情保持一种专注投入的状态，但这种特点也要求我们特别注意对自己目前方向的把控，这样才能把自己的专心发挥出最大的效用。

当然，不管是何方高手，专心于一个自己根本不喜欢的目标无疑是不可实现的，勉强自己既痛苦又很难专注。因此，找到自己真正热爱的方向，也是发挥出自己最大的战斗力、全神贯注地为之奋斗的前提。这个方向可以不那么精准，但一定不要违心。

就比如我吧，曾经只是知道自己对各种故事特别感兴趣，特别喜欢看书和思考人生，所以就专注地提升自己的文学能力和读书积累，虽然那时不知道自己之后会从事什么行业，但是大体上是不会错的，自己也非常乐在其中；后来也正是因此坚定地做出了一个别人都不太理解的选择：在理科很好的情况下当一只文科蝎。

现在的自己在学习法律的时候，依然会感谢曾经那个好奇地去问为什么、好奇地去各种书中寻找答案的自己；依然会感谢那个勇敢选择了文科，从而夯实了人文社科基础的自己。路途遥远而漫长，我们自然不知道终点会在哪里，甚至也不知道会途经哪里，可是我们心里都清楚，在背道而驰的时候，会有个微弱而坚定的声音在心里响起："错了，我不应该在这里。"向着自己所眺望、所想象的未来而努力奔跑，这就是热爱带来的专注。

当然，在学习中只有热爱还是不够的，方法也是必不可少的，在这里我就给大家介绍一些小技巧和小心得。

第一个法宝：了解自己

这里所说的了解自己，主要是为了根据自己的自制力和耐心程度，制订合理的时间表。因为每个人在不同的状态下对不同的工作也有着不同的反应，所以这个时候当然要找好自己的最佳工作时间来进行安排，而一份科学的计划表可以使得时间效用最大化，从而事半功倍，将一天活出加倍的充实感。我在放假的时候就经常感到无所事事，一晃一天就被吃掉了，想玩的时候玩一会儿，想学的时候学一会儿，这样固然洒脱自由，但之后回想起来，时间大部分都用在思考一会儿干什么和发呆上，结果就是最后逃不出deadline（死线）的魔爪，自己想看的书没看完，玩也没有玩够。

第二个法宝：排除诱惑

在我小时候，最大的诱惑无非就是人民公园一日游或是一本心心念念很久的书。现在不一样了，近乎人手一部的手机在给我们的生活学习提供极大便利的同时，也让我们可以随时接触到无限广阔而又丰富的网络世界，总是想时不时瞄上两眼。

我平时也总想着朋友是否联系自己或是否有其他重要的通知，但实际上往往看了一眼就会忍不住看点儿别的。这种"看一眼"的心态让我们很难拒绝手机的诱惑，对于卡牌收集、小说、美食同样如此。这时候我们可以充分发挥人类的智慧，把它们放在远一些的地方或是暂时交给别人保管，从而成功做到"两耳不闻窗外事，一心只读圣贤书"啦。毕竟，不懂得正确对待诱惑的学霸不是好学霸。

第三个法宝：合作

当懒散的自己很难进入专心的状态的时候，就应该拉上靠谱的小伙伴相互监督。我独处的时候，就进入一种得过且过的状态，开启佛系生活——不争不躁、无欲无求、拼死拼活不如享受生活；但是如果这时候出现一个人在我旁边学习，第一时间就会燃起熊熊的竞争之心，非要把别人比下去不可。我们要学会利用别人将你心中那个坚定骄傲的自己激发出来，良性的竞争能让我们以更好的状态投入手头的事情中。

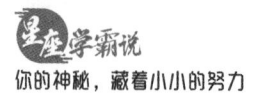
你的神秘，藏着小小的努力

专心的反面可以说是自己的想法和行动为外物所干扰，但是我们也不能过于钻牛角尖。毕竟现实是在不断的变化和发展之中，与己无关的外物随时有可能变成至关重要的决定因素，因此我们不能简单地把关注外物的变化等同于为外物所干扰。专心地感受事物的每一丝变化，杀伐果决、决断有力才是我们应有的模样。我有的时候会困扰于上课时老师的讲解太快，稍一疏忽就会漏掉重点，这个时候不应该试图思考回忆刚才的内容，因为这样很有可能会忽略接下来的内容，立即标记下来继续听，下课再解决才是最理智的选择。人生路上也同样如此，太过执拗于一时一地的得失往往会把自己导向一个偏执的结果，因此，学会及时放弃也是一种正确对待初心的专心。

细细想来，专心绝不仅仅是所谓的学习方法或是人生经验，这些都是外在表现，它的实质其实是独立的人格、清晰的方向和超强的自我控制能力。独立的人格是坚硬的外骨骼，清晰的方向是高举的尾针，超强的自我控制能力是有力的双钳。专而有度，力而自制，天蝎，正当如此！

从"小白"到学霸的进化之路
——专心到底有多重要

文／刘晓璇

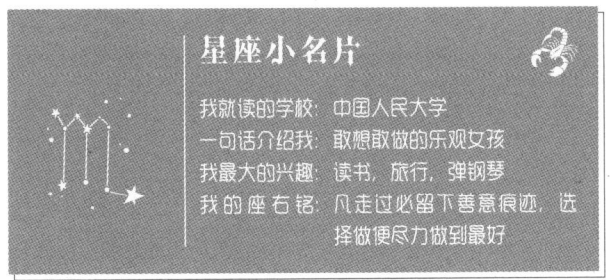

我初中时,就读于郊县的普通初中,师资平平,同学们也都是和我一样的水平,甚至还不如我聪明(内心小窃喜),家长对我们的要求也不是很高。因此,我的前17年学习生涯充满乐趣,并没有像现在的你们一样,周末被各种培训班、补习班、作业班占用,就连平时放学后也不得不被各种形式的补课、作业填满。没有压力,竞争小,稍稍用一点儿功就可以轻松弄个年级第一。初二到初三,基本每次考试都是稳坐年级第一的位子,而我平时的学习状态就是边看电视边写作业,边听歌边做题,总觉得自己是那种可以多任务的"一心多用"的人。那时的专心,仅仅体现在课前预习,与上课听讲记笔记上。而进了高中之后,我才发现自己这种在做题与练习上不专心的想法与行为是无法获得持久胜利的。

上了高中我才知道,自己与同学们的差距远远不是一点儿,他们的小学与初中阶段经历的竞争与压力是我不曾想过的,他们所接受的教育是我遥不可及的,虽然当时我们是坐在同一个班级里接受着同样的名师的指导与教育,但我们的起点却差得很远,我们在知识储备上的差距有着量与质的差别。所以,唯有更加努力才能追上实验班快速的步伐,才能不被他们落下。

在高一的前半个学期,我还是以和初中一样的方式方法来学习,课前预习,课后偶尔复习,但是在课上却会因为自己在预习时已经对基础知识有所掌握而忽略了老师的讲解,对于一些知识就有选择地听,时而玩会儿手机,开开小差。久而久之,我所收获的就只有课前自己预习学会的以及书本、教辅材料上总结的知识点,但这些都只是皮毛,只要背会了,不管是实验班还是普通班学生都可以掌握得很好,而且大家都是全市最优秀的同学,智商不低,都很聪明,只掌握了基础知识点和必会例题可能应付普通学校的考试是足够的;但要是想在实验班的考试与更高水平的竞技中,战胜那些出色且用功的大脑是远远不够的。因此,在高中的起步阶段,由于知识难度不算太大,也没有什么区分度大的题目,用我之前的方法,多刷刷题,就也还可以取得不错的成绩。

但到了高一下学期,知识越来越难,题目的多样性与多变性愈发明显,传统的题海战术已经无法应付,成绩明显下滑,落到了班级中游。于是,我开始反思自己的问题:我发现,高中的知识更加灵活,主要是实验班的授课内容更加灵活,知识的重点与备考的重点,越来越侧重理解与融会贯通。同学们的思维相当活跃,经常会在课上提出有建设性的问题,而这些疑难点常常是困扰我课后复习的地方。因此,就需要在课堂上紧跟老师的思路,在课下及时复习课上讲的例题以及同学们的提问,认真琢磨老师的解题逻辑,而不是自己对着参考书一个一个地模仿,理解与听讲成为重中之重,甚至可以说是取得优异成绩的不二法门。专心致志地投入学习,着重关注自己不理解、老师强调的、花时间说明的知识点格外重要。我很庆幸自己及时发现了问题,并做了改进,才没"跑偏"太远,回归了学习的正途,成绩也有了起色。

那么,我是从哪几个方面着手改进的呢?

一、营造一个安静的学习氛围,全神贯注只想学习

(1)杜绝边听音乐边写作业。可能很多同学都有边听音乐边做题的习惯,其实我之前是没有的,但是看到高中同学他们都在上自习的时候戴着耳机,并且听歌,我觉得很潮很新鲜,于是就学着他们这么做。但其实这是非常有效的,致使你无法专心学习的利器。没错!这样做非常不好!也许你们会说,听歌会让自己清醒,不困;或者说,耳机里的音乐声可以盖住周围人说话吵闹的声音……但实际上,对比一下就会发现,耳机里的集中、大声的音乐声反而会更加严重地影响

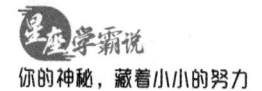

学习效率,而且会在大脑中形成单曲循环,即使不听歌了,还是会在大脑中形成难以磨灭的旋律。一旦在考试中开始单曲循环,后果可是不堪设想。

(2)杜绝边看剧边写作业。小学时我每天都是边看电视边写作业,还是因为那时的功课简单吧。但到了高中,每一道题目都需要集中精力,屏蔽一切干扰来思考!思考!思考!不是简单的加减乘除与抄写等重复性与机械化的劳动。电视电影里的情节与声音十分分散精力,降低学习效率。平时需要10分钟就可以解出的一道数学题,往往在看电视的时候需要30分钟甚至更多,且结果还是错的,得不偿失。

(3)远离咖啡厅、餐馆等一切嘈杂的地方。有人喜欢成群结伴学习,在咖啡厅里、餐厅里,仿佛周围的一切都无法干扰他们,但我想大多数的你我,还是适合在安静的地方思考。因此不妨去图书馆、自习室等安静的有学习氛围的地方。比如我在高三的时候,每天中午都去自习教室里学习,一是因为教室里、楼道里会有同学说话比较吵,二是自习室里大家都在埋头苦读,有集体学习的气氛,不好意思说话,玩手机,自然就被带动起来刻苦学习。我曾经算过,自己一个中午用1小时的时间埋头苦干,可以完成放学后一个人学习2小时的学习量。

(4)用耳塞来帮忙吧。如果实在是无法保证周遭环境的安静,那就改变自己吧,买一个隔音效果很好的耳塞,此举亲测不仅可以隔音,更可以使自己变得聪明,每次都觉得自己戴上耳塞后做题更快,而且思路更加清晰了。

二、上课紧跟老师思路，专心致志不开小差

随着科技的进步与智能手机的普及，现在已经没有同学上学不带智能手机了，基本每个人都有微信，甚至进行"养蛙"游戏。曾经的我也是一个难逃手机诱惑的宝宝，总想隔几分钟就刷刷朋友圈，玩玩游戏，看看热搜。可看着看着，重点就错过去了，有时候一节课都在走神。

于是我的改进方法是：上课关手机，到了高三就直接把手机放在宿舍不带到班里去。如果必须要用手机拍图、拍照片、记录讲课过程的话，那就直接改用没有移动数据流量的套餐，直接把网断了，杜绝一切与娱乐与社交媒体的联系，一心只读圣贤书。

经过上述改进之后，我在课上认真地记笔记，顺着老师的思路，学习的是解题技巧与方法，掌握的是一类甚至一群题目的解题方法，而不仅仅是一道题，真正做到触类旁通，举一反三。在课后，我也是该学的时候就全身心学习，不以任何借口让自己在学习时进行任何娱乐活动，保证精神高度集中与专注。付出有了回报，到了高三，我的成绩就进入了班级前十，且一直保持到高考。

类似的方法还有很多，因人而异，只要是能帮助隔绝外界干扰，保持头脑清楚，心境平和，就是有效的适合的途径，我相信大家都能找到最适合自己的那个。但最根本的是，要从心底告诉自己：我要专心地学习，拒绝手机、电脑等一切诱惑！

期待你成绩上的飞跃，加油！

课间锻炼有助于提升学习能力

文／佚名

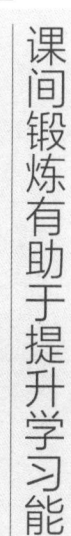

英国一项新研究显示，课间适度的户外锻炼不仅有益儿童身心健康，还有助于提升其注意力和记忆力，让他们学习更投入。

这项研究由斯特林大学和爱丁堡大学学者领衔开展，全英国共1.1万多名小学生参与。研究人员让孩子们在课间休息时参加3项不同强度的户外锻炼，并在锻炼前后询问他们的心情和清醒程度，让他们在电脑上完成注意力和记忆力相关测试。在高强度锻炼中，孩子们需按照逐渐加快的节奏跑步，直到近乎筋疲力尽为止；中强度锻炼中，他们可按自己的节奏跑步或散步15分钟；低强度锻炼中，他们可以到户外坐或站立15分钟。

结果显示，课间跑或走15分钟的孩子，无论是情绪、清醒程度，还是注意力和记忆力都表现得更好一些。参与这项研究的爱丁堡大学学者乔茜·布思说，这一研究结果表明，应鼓励孩子在课间休息时根据自己的节奏进行锻炼。不过她强调，即便有这类课间锻炼也不应忽视学校的正常体育教学。

用右耳听比左耳记得更牢

文/佚名

嘈杂环境中怎样才能更好地记住听到的内容？美国一项最新研究建议，不妨多用右耳听。

奥本大学研究人员招募41名19岁至28岁成人展开两耳分听测试。研究人员要求他们集中注意力于一耳，然后说出听到的内容。结果显示，听到的内容不多时，志愿者两耳倾听表现的记忆程度差不多；一旦听到的内容超出常人短期记忆能力，集中于右耳倾听后记忆的内容平均比左耳多8%，最多能多出40%。

英国《每日邮报》援引研究人员的话报道，右耳接收的信息由大脑左半部分处理，而左半脑主导人的语言、记忆能力。研究认为，右耳优势通常在13岁左右消失。而这次研究发现，成人右耳同样具有这一优势，只不过它通常在记忆大量内容时才会显现。

我就是很努力，有什么好笑的

文/李开春

现在微信"朋友圈"流行一种说法："你必须足够努力，才能让自己看起来毫不费力。"

我对这种心灵鸡汤式的说法并不认同，为什么要让自己看起来毫不费力呢？从什么时候开始，我们这么害怕表现出自己很努力？

我从小到大听过最多的一句话是："你（我）怎么（要是学习）这么爱学习呀（肯定比你强）！"每次我都会回答："对啊，我就是爱学习呀。"

我是别人口中那个"学习好的孩子"，但我从来不和其他成绩好的同学一起玩，原因只有一个：太累了。

好学生的圈子，大家学习都好，默认的规则是：如果取得同样的成绩，100%努力的人是书呆子，50%努力的人就是天才。

就好像那个笑话："学霸"之所以考100分，是因为他的实力只有这么强；而"学神"之所以考100分，是因为试卷只有这么多分……

我上高中时在重点实验班，老师按成绩排座位。每天早上，坐在前两排的同学,讨论的不是前一晚的数学作业和物理大题,而是最新的电视剧。谁看的种类多,看的时间长,谁就在这场无聊的攀比中占了上风。

我的前桌是个好胜心极强的人,每天变着法讲各种电视剧的进度。不仅如此,课间休息和午休时总抱着一本言情小说啃,还逢人就介绍。

但事实上,她妈妈,也就是我妈妈的同事,向我们描述,她每天看书看到凌晨3点。

而模拟考试前的课间操,简直是演技的巅峰对决。走廊里充斥着这类台词:"我昨天玩游戏玩到半夜,根本学不进去。""我也是!一口气把小说看完了,我都怕一会儿在考场上睡着了。""我这个月上课都没认真听,这次完了,完了。"

我在20多年的好学生生涯中,遇到过太多这样的人。"学霸"们为了证明自己是天才,装作"不读书也能取得好成绩"来打击和迷惑对手。另一方面,他们可能也怕,如果努力了却没有成功,会遭到别人的嘲笑:"你看他那么努力,不也就那样?"

我理解这种心情,人总希望给自己留一点儿余地,失败的时候起码还可以说,自己只是没有用功,而不是能力不行。

很多事情都是这样。社交网络上有一个博主,每天发各种美食图片,说自己从不刻意节食减肥,也不锻炼,但依然能保持完美身材。后来被粉丝扒出:事实上她从来不吃高热量的食物,三餐控制得很严,每次拍完照食物不是分给同伴就是扔掉,而且她每天去健身房,

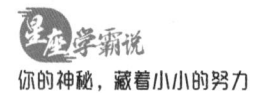

你的神秘，藏着小小的努力

从不间断。

在人们的潜意识里，"毫不费力"似乎比"拼尽全力"更高级。人们羡慕天生就拥有各种"天赋加成"的人，所以拼命假装自己就是那样的人。

我相信世界上可能会有天生就瘦、天生就美、怎么折腾也不变样的仙女，也可能会有不努力也能比一般人厉害的天才。但是我觉得，靠努力维持住的好身材、好面孔、好成绩，一点儿都不逊色。

郑秀文说她出道以来就没吃饱过，小S说她没有办法接受油炸食品，黄晓明说自己是易胖体质所以只能吃很少的米饭……为了实现目标而拼命克制口腹之欲，才是真正厉害的事。而承认自己依靠努力才取得了成就的人，格外值得敬佩。

比起隐藏自己努力的人，那些自己偷偷努力，还对其他努力的人冷嘲热讽的家伙，更过分。

我大学同班有个男生，每天在宿舍戴着耳机，打开电脑上的视频播放器，让人以为他是在看电视剧。

实际上，他的视频永远是暂停状态，显示屏的角落里是各种学习资料。有人经过的时候，他还会故意频繁敲击鼠标，装作在玩游戏。他还会时不时转头问室友："喂，你们不杀两把吗？"

看到同寝室的同学在学习，他还会忍不住吐槽："你学习好努力、好认真啊！"看到室友出门，必定追加一句："又去图书馆学习啊！"自己去图书馆碰见室友，立马解释："来图书馆蹭会儿空调。"

这样做真的好吗？

自信的人不会阻止别人努力，只会让自己加倍努力。之前看到娜塔莉·波特曼接受访谈，被问到怎么看待努力和幸运。她回答："在学校的时候，总有人得到好成绩之后还要说自己几乎都没学。我在心里说，我知道你学了。世上的确有人不用付出很多努力就能获得成功，可能是因为幸运，但是我不期待自己是这样。"

不可否认人需要幸运，但更需要的是努力。我觉得躲躲藏藏不让别人知道自己有多努力，很不大方，这会让努力了却没有得到回馈的人感到不公平。要诚实面对你获得成功的过程，同时也不要对自己的努力孤芳自赏。

这样才对。

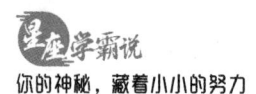

真正的特长是喜欢且擅长

文／沈十六

读高二下学期时,我跟家里人商量想转去学画画。当时想法特别简单,觉得硬读书考大学太难,学艺术相对轻松些,只要专业课过关,文化课及格,就能进一所不错的学校。

我妈是第一个站出来反对的人。我成绩不差,只是偏科有些严重。初中数学就不好,到了高中也没能补起来。每次试卷发下来,我看到不到八十分的成绩就倍感泄气。她劝我想清楚,不要用这种方式逃避困难。

促使我产生学艺体这种想法的,其实是我一个很好的朋友,她很早开始学习艺术,拿过市级一等奖,很有绘画天赋。艺考需要的素描头像、色彩静物、速写等科目都掌握得特别好。我内心深处想着,既然她可以,那我参加集训后也能过关。

但我妈很清醒,一下子就指出我混淆了艺考生和特长生两个概念的问题。我朋友从小就喜欢画画,而不是因为文化课成绩不好才选择艺术。她有基础,有目标,希望自己能在这条路上走得更远,所以想去清华美院这样一流的学府学习。

而我的特长并非绘画，不应该为了解决一个小困难就完全改变自己的人生方向。因为困难并不会因此消失，反而可能给我造成更大的困境。

如果我真的从普通班转到艺术班，就成了抱着侥幸心理想走捷径的人。短期内我可能因此进了大学，但长期来看会因为专业不精，被真心喜欢艺术并在这方面有所成就的同学碾压。这绝对不是我想看到的结果。

我仔细想了想，还是决定以文化生的身份参加高考。以后可以选一个不学高数的专业，多多增加文史方面的积累，发挥自己写作方面的优势。有了大致方向，心就不再像之前那样漂浮不定，做起事来也踏实许多。

对于画画，我属于假热爱，并不是真的在美术上有所追求，而我的朋友是真热爱，她常常沉浸在线条和色彩搭建的奇异世界中不能自拔。

当时，我们高中的艺术班不多，集中在操场旁边的一栋二层小楼里。我偶尔拿着零食去找她聊天，可以观察到她们班级的学习状态。朋友的画板上永远有没干透的颜料，课桌里也叠放着一本本厚重的专业书籍。集中练习素描的阶段，她指缝里总是黑乎乎的，可她从不觉得难看。当然也有人嗑瓜子、看课外书，一副好似已经提前进入大学的模样。

后来朋友考上了一所很好的艺术院校，毕业后从事设计工作，现在也小有成就。我常常打趣朋友早熟，那么小就明白了真正的特长是做喜欢且擅长的事。这种打趣里，多多少少又有一些对当时的她的羡慕。

所以当一个体育特长生向我求助，说他想做杂志编辑时，我也提到了朋友的经历。也许有人会觉得体育特长生做杂志编辑有点儿匪夷所思。但我并不会那么想，反而觉得只要真愿意，总有路可走。

或许，他需要先熬过大量的体能训练，掌握足够多的体育知识。毕业后，去面试体育类杂志，会比单纯学新闻传播的学生有专业优势，因为他对这个领域已经有了足够深入的了解。

我一直都觉得那些知道自己要什么并坚持去做的人非常值得尊重。因为他们就是自己领域的特长生，追求艺术也好，醉心体育也罢，终归是选定了一个前行的方向。这世上没有真正的捷径，如果有，那也是活在当下，因为所有人都需要在认识自我和认识世界中缓慢成长。

"不读书"的剑桥与"读书太慢"的牛津

文／周稀银

又到大学招生季,为了掐尖,国内的几所名牌大学都会派遣人马,走出象牙塔,深入民间,亲密接触各地的高考"状元"。

其实,大学抢优等生源的做法不只是国内独有,国外也有,就连世界名牌大学云集的美、英两国也不例外。

先来欣赏几则美国名牌高校的招生广告。

哈佛大学:来吧,宝贝。到这里之后,你将来的年薪不会低于20万美元!别轻信媒体!我们不是最喜欢拒绝人的学校!最没人情味的是麻省理工!别去申请麻省理工!申请我们这儿吧!相信我们!即使两万多名申请者中我们只录取9%,还是申请吧!顶多邮箱里多出薄薄一纸拒录信。来吧!让更多的申请者来吧!这样我们的录取率就可以跌破1%了!

斯坦福大学:哈佛算哪根葱?加州是我们的地盘。你对我们来说可有可无,但不管怎么样,你还是申请吧,万一中大奖也说不定呢!

哥伦比亚大学:我们可是纽约市区最靓的地方,可我们的录取率

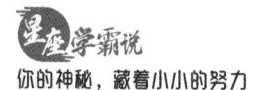

只有10%哦!幸好,被我们拒录了,你还可以去纽约大学,那里的人都是被我们拒绝过的。

再来看看英国的。

牛津大学和剑桥大学的校徽中央同样都有一本书,只是前者的书是打开的,而后者的书是合上的。因此,牛津大学招生时就利用自己的校徽做文章,说剑桥大学是不读书的,书都没打开,只是拿来装点门面的;而剑桥大学也毫不示弱地予以回击:牛津读书太慢了,我们学完把书都合上了,他们还在慢腾腾地看呢。

为什么美国名校学生更易成功

文／Sherry（雪莉）

上三周我有幸在Tuck（塔克）商学院当助教。由于达特茅斯学院的本科是文理学院，没有商科类课程，Tuck（桥梁）商学院就推出了一个桥梁项目，给达特茅斯学院在校的大学生们培训一些商业的基本理念。

我作为助教，主要负责管理3个小组，协助他们组建团队，答疑解难，指导他们做毕业设计。

让我先来介绍一下我的学生们吧。他们是达特茅斯学院的大二至大四的学生；他们的专业上至天文，下至地理，还有经济学、工程学，以及各种类别的人文科学；他们的平均GPA（平均绩点）都在3.5以上。

这是怎样一群学生呢？达特茅斯学院每年的本科录取率大约为10%，而GPA能达到3.5以上的是年级的前15%~20%。虽然我比他们多了不知几年的工作经验和阅历，有时也还是会被他们的问题刁难得想哭。

这三周，我时不时要扮演知心姐姐，又得时不时披上严厉的面纱，一会唱红脸一会唱黑脸，鬼知道我经历了什么。但是，也正是这三周里日日夜夜的相处，才让我有机会深入了解了一批现在正在名校读书的大学生们。

那么今天我就来聊一聊，为什么美国名校的大学生更容易成功。

1.强烈的自我激励与求知欲

虽然整个项目的课程是完全没有分数的，但是这群学生却都每天自发地小组讨论学习到深夜。

有一次，我负责的一个学生Jordan（乔丹）怯怯地问我能不能从头到尾给他和他的小伙伴讲一讲Statement of Cash flow（现金流量表），结果一个本来10分钟就能讲完的课题两个大男孩硬生生把我毕生懂得的金融知识全都问了一遍。他们的问题涉及股票市场和基金运作，资本市场和商业运作，相关的不相关的，足足问了一个小时。

普通学生就题论题，而这些名校的学生强烈的求知欲让他们懂得时刻抓紧一切机会学习并且弄懂每一个重要的知识点相关的一切知识。

在这个过程中，他们不需要外界设置任何的奖励或惩罚作为激励手段，他们会自我激励，并自我努力。

2.敢于挑战权威

也许由于深受中国传统文化的影响，中国学生很少彰显挑战权威的行为，尤其面对教授或者长者的言论，总是唯命是从。

美国名校的学生十分有自己的主见。对于教授的言论，他们虽然尊重，但会以批判性的思维来评断。如果他们有质疑或者觉得自己的意见是正确的，他们会大胆地提出。

普通学生在权威面前通常一味接受，而这些名校的学生在接受新知识的时候懂得用批判性的思维来评判这个观点。

3.懂得精准表达自己的需求

其实这三周接触下来我最惊讶的莫过于他们精准表达自己需求的能力。

我的学生Jordan每次找我帮他模拟面试的时候，都会有逻辑地简约地表达自己的需求，比如，"今天我打算主要练习关于市场动向方面的问题"；或者"一会儿咱们用20分钟，你来问我一些简历上我列举的兴趣爱好，我想练习一下这种冷门问题的回答"。

再比如，每次我的学生在找我帮他们检查他们的小组作业的时候都会清晰地列举他们已经熟练掌握的地方和需要帮助的地方。

普通学生在寻求帮助的时候可能自己并没有一个清晰的策略，而这些名校的学生从来不会扭扭捏捏，废话连篇。每次沟通，他们都会把该说的在最短的时间内有策略地表达清楚。这样既精准表达了自己的诉求，又为双方节省了时间。

其实，如果你能做到上面的这三点，无论你是不是名校毕业，都比别人更容易成功。

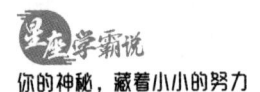

你的神秘,藏着小小的努力

专心,是为了更好地致志

文/子沫

一位在国外待了很久的友人回到国内,满脸困惑地跟我讲:"现在怎么回事?我见到的很多人都在想创业,见面就谈能合作点儿什么事?大家做事的热情好高啊!"

我笑着回答:"的确是这样。"

这种热火朝天的"气象",曾一度让我这个习惯置身事外的人,也感受到了空气中某种不安的氛围。

正巧,看到一篇小文,提到一位不错的理发师,在这个人人都有多重身份的年代,他也想突破一下,转行当"滴滴"专车司机……

在时代大潮下,身边人似乎都坐立不安,辞职创业的,转行改行的,不改变似乎一夜之间成了一种罪过、不求上进的标志。可是,人人都求变,人人都跨界,整个时代就显得动荡不安,人人自危了。一个安宁的社会,不是人人都该有自己的样子吗?生意人的样子、读书人的样子、播音员的样子、老师的样子、记者的样子、钢琴家的样子、作家的样子,手艺人的样子……很多行业的专业手艺,是需要漫长时间沉淀积累才能炉火纯青的。

可是，现在讲"立即变现"的人多了，愿意潜移默化进行漫长积累的人少了。连读书都变得功利起来，有用的励志文章满天飞，转发频频，细水长流有滋养的文字却没人有闲心去读，因为"没用"。

有一次，我无意中对一位朋友说，有空多读读源头读物吧，文字大概是这世上少有的不能立即变现的东西。但友人轻轻一笑，马上转了话题。我知道自己的观点落伍了。

学者齐邦媛曾说过一句话：我希望人们记得读书人的样子。每个人都有自己的行业，没有贵贱之分，安于本分，无限深入，只做一件小事。

日本著名电影导演小津，曾这样解释自己只拍一种风格的影片："我是做豆腐的，只卖豆腐，怎么会做咖喱饭？"

有一位朋友说，看一场演出，发现弹钢琴的人在弹琴时最好看最有味儿。我很想对这位朋友说，写字的人，写字时也最好看，可惜你没看到。这里说的就是投入或者专业吧，一个人大抵只有在做自己擅长的事时，才能全情投入，表情才可能陶醉和安宁，远离焦虑……

我最近正在看一本小说，主人公的父亲是电力公司的抄表员，他总喜欢在抄电表时带着儿子走街串巷。儿子说："父亲临终前，手都是敲门的姿势。那不是喜不喜欢的问题，对于我父亲来说，那是他最拿手的东西，这种活法在某种意义上，也许是正确的。虽然他从事的只是一个不起眼的职业，但他默默地活在自己最拿手的事情里，一生不变。"

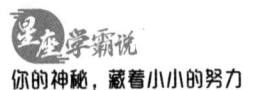

你的神秘,藏着小小的努力

年少成名相对论

文／欧阳宇诺

张爱玲说"出名要趁早",而她16岁时还不会削苹果,经过艰苦的努力才学会补袜子。许多人尝试过教她织绒线,可是没有一个人能够成功。在一间房里住了两年,问她电话机在哪儿她都茫然。她天天乘黄包车去医院打针,接连去了三个月,仍然不认识那条路。她说:"我是一个古怪的女孩,从小被视为天才,除了发展我的天才外别无生存的目标。然而,当童年的狂想逐渐褪色的时候,我发现我除了天才的梦之外一无所有——所有的只是天才的乖僻缺点。"

"知乎"上曾有一个提问:年少成名是什么感觉?一位少时出书的作家回答说:"年少成名的话,比起同龄人,对人生的期待会少一些,尤其是对世俗意义上的成功就没那么期待。就像所有人都在起跑线上预备,你已经提前看过奖品,知道并没有那么吸引人,回到起跑线上自然没有什么兴趣。"

我身边就有一个已经提前看过奖品的人。我的好友可可最近交了一个朋友W。可可说W是16岁就出唱片的天才音乐少年。现年26岁的

W，过去10年间出了三张唱片。现在最大的爱好是在黑胶唱片机流淌出音乐的早晨，给可可煮咖啡、做三明治。他不再靠音乐谋生，现在的职业是独立摄影师，收入远不及在律所当合伙人的可可。但是，在可可看来，他就是命中注定的那个"百分百男孩"。他有那种年少成名后渐渐沉寂下来、洗尽铅华的平和感，让人觉得自然又舒服。可可说，她已经很久没有遇见这样的男人了。

我们追问W的过去。W说，他年少成名，相当于提前举办了人生派对，也许还在派对上收到了闪亮的钻石。这种风光无限的美好感觉，并不是每个人都有机会体验。他们相当于被上天选中的幸运儿，但是，上天的耐心有限，注意力不可能一直放在一个幸运儿身上，所以，那些后来慢慢被忽略的幸运儿，就要学习如何在被忽略后的漫长人生中，做一个内心积极向上的平凡人。

我很认同W的说法。比起年少成名的人，我偏爱大器晚成的人。经过岁月的磨炼，对成功或许能有更深刻的理解。就像美国作家约瑟夫·海勒，记者问他："成功对你的生活或者写作态度有改变吗？"他回答说："我认为没有。原因之一是，对我来说，成功来得太晚了。我不觉得年少成名是一件好事。如果你已经得到了所有梦寐以求的东西，未来还能给予你什么呢？"爱尔兰作家乔伊斯32岁时才出版他的第一本书《都柏林人》，之前他靠唱歌谋生。美国作家冯内古特40岁时才读《包法利夫人》，写作前他供职于通用电气公司。

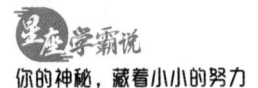

你的神秘，藏着小小的努力

关于阅读的秘密小路

文／沈书枝

　　小的时候，我和妹妹几乎没有书看，能看的不过是自己的课本。语文书在新学期发下来的头两天就被翻完了，先把喜欢的古诗背一遍，再把喜欢的课文看一遍。古诗寥寥无几，实在是太少了，课本很快被翻完。姐姐们念初中，我们看完了自己的课本，就把她们的课本也拿来看。喜欢并能看懂的篇目有限，且过不了几天，姐姐们的课本也都看完了。

　　等到上初中以后，大姐在外地工作，偶尔给我们买书寄回来，但也只有很少的几本——一本《古希腊神话》、一本《古罗马神话》、一套硬壳精装的《堂吉诃德》、三册青色书皮的《平凡的世界》。那时候我们很喜欢《平凡的世界》，大概是感觉自己家也如主角家一般贫穷，便有一种感同身受的自怜在里面。实在没有书看的时候，爸爸抽屉里的《农村百事通》我们也拿出来看，上面写技术先进的农民怎么种菜、怎么养猪，我们也看得津津有味。高中毕业那年的暑假，我在家里等着不知何时会来的大学录取通知书。有一天，村子里的小姑娘来找我玩，带来一本薄薄的《边城》。那时候学校的课本里没有沈从文的文章，我不知道他是什么人，只是打开看了一点儿，便被它吸引。

这本小说在我心里留下了难以磨灭的记忆。我上大学读了中文系以后，现当代文学的老师一讲到沈从文，我就到学校图书馆去找了他的其他书来看。不久《沈从文全集》出版，图书馆订购了前17册，因为这套书非常贵重，所以不予外借，我们只能在样本室里翻阅。有一段时间，我每天都到图书馆的样本室里坐着，一册一册地看。大学里逃课的日子，很多都在图书馆的样本室中度过了。来看这套书的同学很少，书架上整齐的两排，常常只有我拿的那一册的位置是空的。我守着书本，如同守着一个不为人知的秘密，心里十分温柔。

渐渐看得多了之后，我也开始学着写一些小说。在那之前我偶尔写一些东西，都是当时流行的"新概念"作文大赛风格的爱情小说，散发着青春期旺盛的荷尔蒙气息，此后，我才开始试着把笔伸向自己从小就熟悉的乡下，将自己童年与少年时期难以忘却的故事写下来。这大概就是我写作的开始。因为课业的关系，那时我也读了许多其他现当代文学作品，但我最喜欢的作家，都是与沈从文同一流派的"京派"作家，周作人、废名、汪曾祺等。

大学毕业后，有一两年时间，我在一家小公司做文员。一方面觉得自己的工作毫无意义，想去继续读书；另一方面却又做不到真正努力去准备考研。在那尤其茫然灰暗的时间里，我也曾假装给沈从文写信，内容是关于自己的日常生活和消极的情绪。

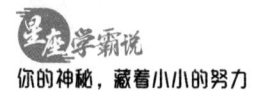
你的神秘，藏着小小的努力

等我终于回到学校读研究生以后，有一天我想给自己起一个更容易叫的网名，便几乎是毫不犹豫地取了"沈"这个姓。用着网名，我算是真正开始走上了写作的道路，写出了更多的东西。

几年后，我的第一本和第二本书出版了。这样的事，是18岁时在闷热的房间里第一次读沈从文的书的我永远想象不到的，这大概正是文学珍贵的机缘吧。

老陈布置的奇葩作业

文／沈怀鸥

我特别喜欢网络上一档叫《奇葩说》的节目,里面有很多观点独特、口才出众的"奇葩"选手。每次看选手辩论的时候,我都会想起身边的那个奇葩老师,他就是我们的班主任——老陈。

自从遇到老陈后,我们每天的家庭作业就很少正常了。我永远记得老陈第一次给我们布置作业时,他脸上带着深不可测的笑容说:"同学们,为师修行几十年,准备把一身功夫都传授给你们,现在有些紧要的招式你们得先熟悉熟悉,就让我们从今天的作业开始吧……"然后,我们就踏上了一条做"不正经"作业的不归路……

谁动了我的"鸡蛋"

教我们历史的丁老师思想本来很正统,老陈来了之后,丁老师的画风就被带偏了。

这周五,丁老师讲到创世神话时提到了亚当和夏娃,"提问王"忍不住站了起来:"老师,不是有一种说法称亚当和夏娃是罪恶的根

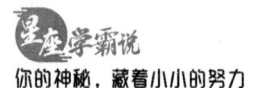
你的神秘，藏着小小的努力

源吗？"

"提问王"的话还没说完，下课铃响了。谁也没想到老陈一直躲在后面听课，只见他跑过去跟丁老师嘀咕了几句，丁老师竟一反常态地说："今天我就不布置作业了，放学的时候陈老师会布置作业给大家。"于是放学的时候，老陈给我们布置了这样一项作业：回到家后在桌子上倒扣一个碗，碗里藏一个熟鸡蛋，跟爸妈说不许揭开碗，我们的目标是保住碗里藏着鸡蛋的秘密。作业竟然不是写练习册？疑惑归疑惑，但同学们的喜悦之情溢于言表。回家之后，我随意找了一个碗，煮了一个鸡蛋，按老陈的要求摆好。爸妈回家后，我严正声明不许揭开看。见爸妈点头应好，我心想：这作业挺简单啊！

周末天气晴朗，我过得很惬意。周日晚饭时，我准备揭碗让爸妈见证奇迹。然而，鸡蛋不见了！短短几秒钟，我的脑海里闪过无数种可能性，最后只换来老爸云淡风轻的一句话："早上有点儿饿，我就吃掉了。"哇！这不就是现实版的偷吃禁果的故事吗？我想。

周一的课堂上，老陈一脸期待地问："你们的鸡蛋还在吗？"

"被吃了。"

"我妈不守信用揭开了碗。"

"爸爸说他好奇，揭开碗看了一下。"讲台下全是抱怨声。

老陈有些得意地说："看吧，好奇是人的天性，而历史的发展又是复杂多样的，我们怎能轻易地说亚当和夏娃是罪恶的根源呢……"

看着讲台上口若悬河的老陈，我们真是不服都不行！

体育老师来上数学课了

不是上数学课吗？教室里居然一个人都没有！往常这时，大家都是在教室里抓耳挠腮、奋笔疾书的啊，今天是怎么回事？一看黑板，上面写着：课堂作业——用双脚丈量操场的周长。这算什么作业？体育老师来上数学课啦？

我来到操场上，看见大家都低头数着自己走路的步子，还有人拿着尺子量自己一步能走多远。怎么保证自己每一步都走得差不多？哎呀，我都不会走路了，怎么办？

天气晴朗，微风温柔。这操场我们不知走了多少回，每次都是来去匆匆，但现在不行，走快了就没办法好好丈量了。怎么保证自己的步数是准确的呢？走着走着，我灵机一动，拿上纸笔，一边走路一边看两旁的风景，当步数是50的倍数时，就记下眼前的景致是什么。一圈走完后，我的笔记本上写满了各种整数步数的地标，再拿步数乘以我每一步的长度，就是学校操场的周长了。

坐在操场上，看看我的记录，再看看学校的风景，我突然觉得跟学校亲近了许多，也开始理解老师布置这项作业的意义了——这绝不是单纯的数学作业！交作业的时候，我在旁边写了一行字：数字是真的，我在丈量的途中看到的风景也是真的。

假期前，老陈又布置了一项"有毒"的作业：请在《西游记》里的诸多神佛妖魔中选取不少于10位绘制形象，制作《西游神怪图鉴》一册。让我们看《西游记》是没问题的，制作图鉴是干什么！以后我可以说我的绘画是语文老师教的了。

用一句话说说天蝎座

我们是天蝎座（4）

09:34

天蝎君

很多人都不了解自己，也很少花时间来了解自己。说说你眼中的自己吧。

 关晓彤

的确，我们要多花一点儿时间去了解自己。了解自己擅长什么、喜欢什么，在做每件事情之前给自己设定一个目标，不要局限自己。相信自己真的很优秀呀。

09:42

 沐墨年

大多数的时候都要靠自己，独自承受压力，但是如果身边的人需要帮助，我会毫不犹豫地挺身而出。

10:08

 刘晓璇

没有谁生下来就是学霸，只是学习的时候用心一点儿，别老想着放学吃啥！！

自信才是王道 Part 2

天蝎君

从小到大，身边的人无时无刻不在提醒我们：要自信一点。可是怎样才能自信呢？其实很简单，就是让你的能力配得上你的野心，即使道路坎坷，也要勇于战斗。自信的人只会让自己加倍努力。

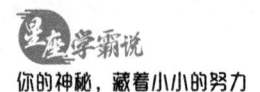
你的神秘，藏着小小的努力

陈伟霆：不管明天多艰难，自信的你最安全

文 / 天蝎君

很多人认识陈伟霆是通过《古剑奇谭》，2018年陈伟霆登上了央视春晚的舞台，对于陈伟霆来说，成名的幸运有点儿来得太突然。

一部《古剑奇谭》让陈伟霆从一个名不见经传的男演员成了"当红炸子鸡"，微博粉丝暴涨百万，完成了从"万年新人王"到"新一代男神"的逆袭。

在90后甚至是00后都已经开始宣示主权的娱乐圈，大家才发现这个"初出茅庐"的天蝎座"男神"，原来已经出道11年了。

从各大综艺节目，到影视剧，甚至是唱歌，陈伟霆永远给观众带来阳光和温暖，在他的粉丝"女皇"们眼中，他最大的优点就是自信。

自信是一段自由发挥的舞蹈

陈伟霆早年并不阳光灿烂，甚至一度很自卑，对小陈伟霆来说，找回自信的项目是跳舞。他每天练习几个小时，拿遍跟跳舞有关的奖项，在学校里，校长、老师很喜欢他，甚至把四个教室打通变成练舞室给他和团队用。

跳舞让陈伟霆越来越看到自己的闪光点，用他的话说，"我发现跳舞带给我的一个东西，就是得到了尊重。我好像通过跳舞证明了我自己"。

有一次陈伟霆正在棚里拍广告，舞台中间晃荡的金属秋千上，他连续荡了三个半小时，飞吻的动作做了二十八次。休息的间隙，棚里突然响起一段舞曲，好像有无形的电流涌过身体，他马上随着音乐旁若无人地跳舞，满血复活。

自信是除了爱自己还会爱别人

陈伟霆的粉丝叫"女皇"，也许是出道初期太过忐忑，所以成名后的陈伟霆特别珍惜他的粉丝们。

深夜，陈伟霆会在微博上发唱歌弹吉他的录音，催着粉丝们赶紧去睡觉。在机场遇见接机的粉丝，他说得最多的话就是让粉丝注意安全。

陈伟霆为人也很有"天蝎"范儿，他说话不会拐弯抹角、不会阿谀奉承，在娱乐节目中反应偶尔还会慢半拍，但正是这个镁光灯下的偶像明星却说："看着全国各地的粉丝坐十几小时火车来支持我，觉得很不忍心。"

所以当陈伟霆开演唱会时，他最大的希望不是演唱会可以多大型、有多少人,而是希望在每个地方都可以照顾一些粉丝,让他们不要这么辛苦。2016年陈伟霆首次演唱会的门票30秒就被抢购一空,陈伟霆为所有"女皇"们交了一份完美的答卷。

《老九门》中的一位群演回忆自己那次演一具腐烂的尸体,冬天在地上躺了很久。那场戏陈伟霆需要用棍子挑开那些群演们的衣服,挑开之前,陈伟霆低声跟他说了一句话:"棍子有点儿冰,忍一下。"

自信是"陈等等"也是"大师兄"

剑眉星目、棱角分明,一袭青衫、一把利剑,2014年陈伟霆凭借《古剑奇谭》中"大师兄"陵越一角,初次亮相内地荧屏的他便惊艳众人。无可挑剔的颜值与演技,他如从画卷中走出的古风男子一般沉稳,而这一刻,陈伟霆等了很久。2003年,陈伟霆为梦想放弃了去英国读书的机会,而签约公司后的出道训练,他一等就是四年。刚从歌手转型做演员时,有一次面试,本来试的是男主角,后来变成了男二号、男三号、男四号。等待了几个月,"但最终还是没选我。"如今,陈伟霆被粉丝们称为"陈等等",也是名字伟霆"waiting"的谐音,这其实是个略微有些揭伤疤的外号。有人问过他:"大家叫你等等,你觉得'等'在娱乐圈是好的状态吗?"陈伟霆回答:"等就是你有机会。要感恩过去的一切经历,正视每一个阶段的自己。"

不管明天会遇到什么,都没有关系,只要时刻自信面对,总会"等"到自己的机遇。

别让不自信拖了你的后腿

文／J

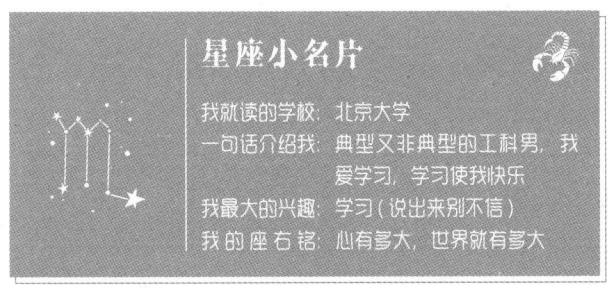

你想好自己今后要考什么大学了吗？清北复交还是其他985、211大学？你想好自己将来应该选什么样的专业了吗，理工医还是人文社科、经济管理？你想好自己之后要怎样在社会发展立足下去吗，是搞科研还是找工作、进国企、考公务员？或者说把目光放得更近一些，你想好自己下一次月考、期末考试要考出怎样的成绩了吗？

什么？脑袋一片空白，什么也没想好？这样可不好哦。但请记住，不管你做什么事情，如果你没有准备，那么对你来讲，最佳的准

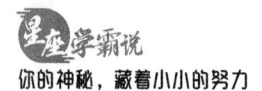

你的神秘，藏着小小的努力

备时间，就是现在！

全都已经计划好了？那么非常好，有准备自然更容易实现自己的目标，机会总是留给有备之人的。

然而你有没有自信呢？你有没有觉得自己理想的大学、理想的专业、理想的工作真的是太"理想"了，自己根本实现不了呢？甚至连离自己最近的月考期末考，也注定是会"凉凉"的呢？心态炸了？然后一直颓废下去，抑或是自暴自弃，狂打游戏狂刷剧浪费时间荒废光阴？

这样下去显然是不行的。你，需要对自己有自信！

自信虽然不代表你将百分百成功，但没有自信，你必将一事无成！

写这篇文章时，我正在多伦多大学进行为期一学期的交换学习。这件事呢，还得从高中谈起吧。

高中时期的我，早已习惯于国内的学习方式，就一直希望自己能出国学习学习，换一个环境体验体验国外的学习生活，同时也能扩大一下自己的国际视野，丰富自己的学习经历。

后来进入大学上了大一，自然也了解到学校国际合作部有很多交换项目，但是想着在北大，肯定高手如云，竞争必然会十分激烈，自己能申请到理想交换大学的概率也是寥寥无几。又在偶然之际，了解到自己院系也有一个交换项目，而且已经开始申请，马上就要截止了。

刚开始我也是极度不自信，毕竟院系交换项目比较少，总交换名额也相对比较少，要和全院同学竞争实在有点儿虚，再加上我连托福雅思成绩都没有，准备时间短，不怎么相信自己最后能过。但是也不想放弃这个机会，所以就拉上室友一起去听了这个项目的宣讲会——最后的决定是，算了，还是明年再来吧，今年大概是没戏了，虽然明年估计戏也不大。

那么最后我又是怎么报了名而且神奇般地通过了初试以及面试的呢？

答案自然和自信心脱不了关系。那个星期我们一家人聊天，我偶然和他们提起了这件事并告诉他们我决定放弃今年的报名，明年再来。但是他们表示"反对"——他们鼓励我今年就试一试，毕竟这是我好几年以来就一直想做的事，要相信自己。

最终各种纠结，便一边找学长学姐们取经，一边时刻与爸妈联系以求支持与鼓励。后来自己总算想通——反正这次失败了，还有下一次，就算明年失败，那么之后也一定有机会，不能以放弃来逃避！有了爸妈的支持，我也满怀信心地报了名，虽然当时用的英语成绩还是自己的高考成绩，最后补上了雅思成绩。

最终竟然通过初试，并顺利通过复试！现在已经在多伦多大学做交换生，虽然前期很苦，但我并不后悔，甚至有点儿小开心。

若是我最终没有信心而没有报名，那么我也必然拿不到本次交换的机会。其实不光学习上需要有自信，在生活上的各方面也都应该有自信。虽然自信不能使你百分百成功，但是缺乏自信你将失去成功的机会，毕竟你都不相信自己，又如何让他人来相信自己呢？所以希望

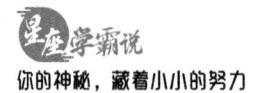

大家能够紧握自信，挺胸前行！

当然今天我最主要的还是要告诉大家自信对学习的重要性。

在日常的学习生活中要有自信

你可能会问自信对平时的学习能有何影响，其实，就像我在最开始和大家讲的一样——缺乏对于学习的自信，一个人很容易半途而废，终致失败。对于绝大部分人来讲，我们都有自己的弱势学科——其实这样的弱势学科就是我们实现目标最大的绊脚石，也是我们最大进步空间所在。有人可能因为尝试失败而对自己失去自信，这是万万要不得的——坚持不懈，相信自己，这才是正确的打开方式！

无论自己的水平如何，请相信自己，只要自己努力，就一定能进步；如果自己都放弃了对自己的治疗，那么只能听天由命了。

想起高二高三刚进入理科综合训练的那段时间，我由于自己解题速度慢、知识点还不够熟悉等原因，各种不适应，每次训练都不理想。但我一直相信自己能做好这些。于是最后狠下心来自己进行了一个月的加强训练，终于看到了自己的进步。没有当时的自信心，我恐怕很难坚持下去从而提升自我，可见自信的基石作用。因此无论大家因何事迷惘，请保持自信！

面对各种考试时要保持自信

考试前，要充分相信自己的实力；考试后，也要保持对最终成绩的自信；考试期间，更要保持答题的自信，保持良好的心态。

初中时期的我，人送外号"黑马"，就是因为我平时的考试经常在班上名列前茅，能在年级中排上名次。但是临近中考期间的几场考试却彻底将我击败——那几场考试我发挥得都很不好，直接导致成绩大幅度下降，由此也带来自信心的崩塌。

接下来的结果大家也应该都猜得到，中考我也自然没有考好，甚至班上有同学都不敢相信我的分数。

可见自信心对于发挥自己实力的重要性——大家在考试前一定要有自信！

到了高中时期，历史竟惊人地相似——在高考前那段时间的模考中，我又一次考了高中时期的最差成绩。那时的我极度担心自己将像中考一样"重蹈覆辙"，也是极度不自信。

最后我自己难以解忧，唯有找班主任谈心，也正是班主任帮助了我重拾信心。他告诉我说一次考试不算什么，又不是高考；就算是高考，发挥失常的也大有人在，老师一直以来都相信我的实力。最终我重拾自信，高考也没有失常发挥。因此大家在每次考试后都要保持自信——毕竟这永远不会是你的最后一次考试，你永远都还有机会，即使是高考。

谈起高考的发挥，这也与我考试期间的自信有关吧。其实我考语文的时候，自己能感觉到答题很不顺手，估计是要凉了，但是我一直在用"没准就写对了呢"麻痹自己。所以虽然语文考得很差，但还是保持了心态，保持了自信——把后面的考试考好才是最重要的。

最后的考试结果也是，语文考得最差，但是越到后面的考试发挥得越好，英语甚至接近满分，是我高中生涯英语的最高分！所以大家在考试期间也要时刻保持自信，即使是"迷之自信（即莫名而来的自信感觉）"，但不要自负，就算没考好，也不能弃疗！

参加竞赛自招也要保持自信

高一的时候，我曾经想通过竞赛来为自己多争取一份机会，但终究太过浮躁没能坚持下去，就是因为自己没有足够的信心相信自己能走下去。所以对于计划参加竞赛自招的同学，如果你选定了这条路，那么务必保持自信，不要怀疑自身能力！但同时也要奉劝大家，如果发现这条路着实不适合自己，那么及时跳坑止损。

同时竞赛自招也经常会有面试，自信对于面试的重要性也不必我多加强调了。自信的确为我的博雅计划面试效果加了不少分。正如我之前所讲的，如果你都不相信自己，你怎么让别人相信自己呢？

不知大家是否还记得我开篇所讲的自信是成功的必要不充分条件，也就是说，大家要想达到自己的理想目标，自信必须得有，但光有自信也行不通。

道理显而易见。所以大家还要在保持自信的基础之上，充分加强自己的实力。

同时也希望大家铭记，不仅在学习上要保持应有的自信，在生活的方方面面，都应该保持自信。

自信有时候来自自己对自己的肯定，有时候也可以来自他人对自己的鼓励与肯定。所以当你发现自己已经迷失自我，无法找回自信时,多找找家人、老师、朋友甚至是愿意倾听的陌生人吧。

希望大家在日后能紧握自信,挺胸前进,实现自己的目标与理想!祝好!

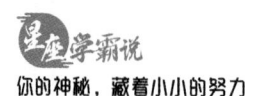

你的神秘，藏着小小的努力

逆风局也别投降，自信就是上分王

文／茉莉胭脂

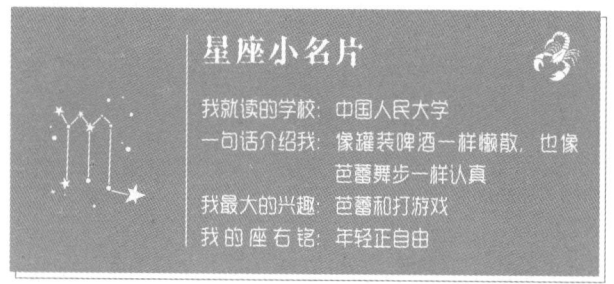

星座小名片
我就读的学校：中国人民大学
一句话介绍我：像罐装啤酒一样懒散，也像
芭蕾舞步一样认真
我最大的兴趣：芭蕾和打游戏
我的座右铭：年轻正自由

和同桌一起玩"王者农药"的日子常常让我想起属于自己的高中时代——和处于不同学习段位的同学参加同样的考试，拿到超神和全场MVP（最有价值成员）时整个人在朋友面前都扬眉吐气起来；私底下偷偷练习难用但厉害的英雄，仿佛还是那个在刷题的过程中找题感的自己；看着自己的数据不如意时会着急会不安，几次泄气想要投降最后又坚持了下来，完全就是当年看着模考成绩难过但不愿放弃的我。

如果要我说出玩"王者农药"和高中时代最相似的一份经验，那一定是逆风局也别投降。这种不投降不是盲目地坚持死耗，而是有着

"技不如人也可以默默努力,小心寻找机会,最后绝对会反超"的执着信念。如果有了完美平衡于自卑和自负两者间的这种自信,就有了反败取胜的最佳心理利器,也就有了把赢面扩大的更多可能。

一、因为自信,所以更要积蓄力量

打游戏时,当发觉这局游戏已经走入逆风局,有理性的玩家已经意识到对手在数据实力上足以碾压自己。面对这种难以翻盘的差距,有的人畏畏缩缩,自欺欺人地把责任一味推卸给队友,不停地选投降,期盼重开一局。也有的人怀着赌徒般的心态,试图巧取豪夺,成功了就是撞大运,失败了也无非是"送人头",大不了下局再来。

虽然真实世界里的考验与游戏有诸多相似,但它绝不会给我们这次不算,倒带重来的可能。比起用自卑心态应战,遇到困难就怨天尤人打算放弃,或者怀着侥幸心理在胜率不高的现实下盲目冲锋,我更喜欢借鉴最稳扎稳打的打法,直面实力差距并不断弥补现状。

高中三年,我的长板和短板都暴露得很明显:语文英语和文综,没有一科没拿过学年第一。但与此同时,"吊车尾"的数学也让不时就要提点我几分的老师苦不堪言。"脑内小剧场"里不是没上演过高考时数学题突然出得无比简单,只凭借另外五科就能羽化登仙的桥段。前两年努力刷题后分数仍然没有起色的惨状,也让我不时有着得过且过的心态。只是随着时间的临近,我越发清楚地知道,逃避虽然不可耻但没用。假如还想去喜欢的学校学喜欢的专业,数学就是不得不跨过的一道坎。

在最艰难的时候，妈妈帮了我许多。所有练习册上的、试卷上的、上课讲过的习题，只要我做错了一次，就圈起题号交给她。她把题目抄下来，然后我再做一次。这方法很笨，但也最有效。我以为老师讲完错误原因后，自己就会记得正确思路。但重做一遍错题后，我才能真正检验思路是否卡壳，公式是否记熟。这感觉如同玩游戏进入逆风局后，并不需要正面硬扛，而是谨慎清兵和消灭自家野区。在游戏里，这样谨慎的操作一面可以帮助己方降低失败的风险，另一面可以提升自己的经济实力。在现实的人生里，从错题里弥补现状也有类似的功效。当这道题再出一遍，因为重新体悟了一遍做法，我肯定不会再错。更重要的是，类似的习题再出现在眼前，用反复思考过的思路去触类旁通，问题就足以迎刃而解。

深刻思考过一道错题，比盲目做一百道题更有用。这样简单的道理我直到高三才懂。因为"面子"，高中的前两年我都在胡乱刷题中度过。在旁人看来，短时间做掉一本又一本练习册是很厉害的学霸行为，做手抄的错题还连连碰壁则显得有些笨拙。但如此在意旁人的目光，实际是一种潜意识里的自卑。真正的自信，不是相信以自己现存的实力就足以做个学霸，而是坦然地下笨功夫，无畏于一时的笨拙，真诚相信努力能让未来开满花。

二、因为自信，所以锋芒不再隐藏

直到高三的最后，数学试卷上的最后一道大题最后一问都是我的梦魇。导数题，需要的计算量大，难度也经常是最高。比起那可能得到的8分，我更在意那其余的142分。模拟考试时，每次做到最后一题我就胡乱跳过，直接回头检查。永远拿不到的那8分，其实对我而言愈发不是那么遥不可及，但很久很久，我都不敢想去把它攻克。

但自信不仅包括"相信自己未来会变强"，它也包含着"相信自己现在已经很强"。在游戏里，相信自己已经很强就是知道实力已经赶上对手，需要一鼓作气正面推塔。在现实人生里，自知实力足够时，该攻克的难题也要正面迎战，绝不应该隐藏锋芒。

找准为150分冲刺而不是142分的时机很难得，它需要对自己实力的精准判断。几次模拟考试后，我默默计着时完成最后一道题，发现自己足以在20分钟内攻克，并且基本不会失分。为这道题花去20分钟的时间也意味着检查前面的题的时间少了20分钟，因此直到我能保证前面的题基本不会出错，才敢为最后的难题冲刺。

高考的时候，那个数学常年上不了120分的我拿到了148分的好成绩。出分的时候，我很想穿越回去摸摸那个对着红笔批注满脸茫然的女孩的头。哪怕茫然，她也肯定自己的努力和付出；取得了阶段性的成功，她也为"还可以更好"这个信念坚持过。她有着长达两年半的逆风局，并且没有重开一局的机会。但逆风局最后变成了她的决胜局。虽然不是全场MVP，但已经是她自己的超神。

是对自己的付出自信和对自己的实力自信，让高考数学的战场变成胜利的颁奖台，也给了如今这个玩游戏的我很多怀念和很多动力。从游戏里的王者，到现实中的荣耀，我都想请你相信，自信是从逆境到顺境的最佳动力。该出击啦，少年！

如何提高自制力和专注度

文／曾少贤

Pareto定律： Pareto定律也就是二八定律，即在任何事情当中，最重要的只占一小部分，约20%，其余约80%尽管是多数，却是次要的。所以，在你真正想要集中精力做一件事之前，应该弄清楚什么是最重要的，而不是一时兴起，毫无准备。

30分钟： 以30分钟为周期，只做好一件事，禁止多任务操作。

保证高质量的睡眠： 根据自己的生理习惯，每天保证充足的睡眠，不要为了工作牺牲睡眠时间。在自己的能力范围之内，买最好的床垫、枕头、被单等床上用品。

列清单： 列出3件你每天必须做的事情，无论多忙，这3件事情一定要完成。

爬树可以提高记忆力

文/佚名

一项研究发现，例如爬树、赤脚跑和爬行等幼稚的消遣能够显著增强记忆力。北佛罗里达大学的研究者们让72名年龄在18～59岁的人参与工作记忆测试，他们需要反向记忆一系列数字。接着，一部分人用两个小时进行各种类似障碍赛的活动，包括爬树、赤脚跑以及在细梁上爬，而另一部分人则听了一场演讲或上了一节瑜伽课。最后，实验对象再次进行了工作记忆测试。

结果显示，只有参加障碍赛活动的人们的记忆力有所增强，做瑜伽并没有增强记忆力，这说明选择运动的类型很关键。爬树和爬细梁能够锻炼本体感受能力，也就是在眼睛不看的情况下大脑感知身体部位位置的能力。此外，大脑还要处理快速变化的信息，比如横梁摇晃或者嘎吱作响的树枝。研究团队的发言人说："本体感觉训练可能会需要更强的工作记忆，因为随着环境的变化，个体需要利用工作记忆来更新信息并作出合适的调整。"

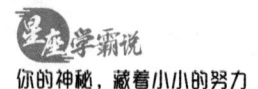

口吃界传奇:超级演说家绝非只靠嘴皮子

文 / 李红都

对于一个口吃患者来说,最大的愿望可能就是能与人正常地交流,绝不会想到要去从事靠嘴皮子吃饭的职业。但有一个连句完整的话都说不利索的严重口吃患者,居然成了一位演说家!这个人就是纳兰泽芸。

从口吃到口才,她是如何办到的呢?

自闭女孩不幸口吃,身心受挫步步艰难

纳兰泽芸,原名钱根霞,1979年11月8日出生于安徽省池州市一个农村家庭。父亲是农村教师,母亲是农民。4岁那年,纳兰的头顶莫名出现秃块并不断扩大。一年后,纳兰就成了个小光头。开朗的纳兰渐渐变得自卑敏感、内向沉默。父母借钱带她求医,可吃了四年的中药毫无效果。纳兰越来越自闭,很少出门,也不愿和人说话。有一天,她跟爸爸说话时突然口吃。爸爸厉声批评她。此后,她格外注意,可越是如此口吃越明显。

光头还没治好，又来个口吃，真是雪上加霜。

到12岁那年，纳兰奇迹般地重新长出了秀发，口吃却没好转。她14岁时，五六个字也要停顿几次才能说完。记得有一次上语文课，新来的李老师点纳兰回答问题，问她"油蛉在这里低唱，蟋蟀们在这里弹琴"用了什么修辞手法。纳兰知道是拟人，但她红着脸站了半天，才结结巴巴地说："是……是拟……拟……"身后的淘气包哄笑："是你（拟）？哈哈，李老师，她说是你。"纳兰着急地扭过头来辩解："不……不是……李老师，是……是拟……"后面的同学笑得更厉害了："啊？怎么又成我了？"全班一片哄笑。

纳兰无地自容，气愤和委屈的泪水顺着面颊流了下来。此后，她愈发孤僻、沉默。初中毕业后，她选择上安徽省池州师范学校。纳兰侥幸以为，等长大一些，她口吃的毛病就会好，而且师范类学校的学费低，还有补助，毕业了就能挣工资。

负责报名的老师只以为纳兰内向而已，但开学第一个月，班主任就发现了她的口吃症，并严肃地告诉她，口吃的人是不适合当老师的。纳兰心急如焚。有一天，她在报纸中缝上发现了口吃纠正器的广告，如同溺水者抓到了救命稻草。但那需要一百多，她没钱，而父母还欠着债。情急之下，纳兰去卖了400毫升的血，得了175元。她顾不得晕头转向，赶紧把钱汇了过去。二十多天后，矫正器寄了过来。然而，纳兰一丝不苟地用了五个多月，仍然说不出一句连贯的话。她深受打击，一气之下将机器摔了个粉碎。

毕业以后，纳兰孤身去了上海。到上海后，她发现文凭不高还

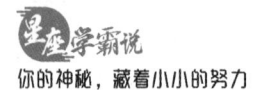

有口吃的自己找份像样的工作几乎不可能。最终，纳兰到一家餐馆当服务员。她以为这类工作基本不需要与人交流，她可以干好。但不久后，她就发现客人点菜的时候会问很多问题，而且就算是一个传菜员，也要给客人介绍菜品，与人交流是她根本无法绕过的坎。不久，老板找个理由辞了纳兰。

2008年9月，公司有个劳动仲裁的官司。开庭那天，律师临时发现遗漏了一个文件，打电话让纳兰把那个不到两千字的文件从头至尾快速给他念一遍。办公室空无一人，纳兰握着电话，半天只读出两句。律师急得跳脚，可纳兰的喉咙像被魔鬼扼住一般，一个字都说不出来……

官司输了，那份她读不出来的文件成了她的心魔。回家后，她躲到僻静处用力扇自己的嘴，恨不得咬断不听使唤的舌头！此后，纳兰在工作上失误频发，长期焦虑失眠，后被医院诊断为严重神经衰弱，需要服药治疗。她心情沉重地回到家，小女儿拿着《格林童话》迎上来让她讲故事。她暗自苦笑：自己连句话都说不清楚，如何给女儿读那么长的故事？看妈妈不讲，女儿委屈地哭着说："妈妈不给宝宝读故事……"纳兰急于跟女儿解释，可结结巴巴半天也说不明白。最后，她瘫坐在沙发上，泪流满面。女儿渐渐长大，如果自己还这样，那怎样跟女儿沟通？将来她势必会因为有个口吃妈妈而备受歧视。不能再这样了，纳兰有种前所未有的紧迫感，她必须改变。

置之死地而后生，花式缠斗口吃心魔

可怎么做呢？迄今为止，人们还没有找到行之有效的矫正口吃的方法。纳兰翻遍所有资料，都没找到一个现成的法子。她烦闷不已。一天，她偶然读到了美国副总统拜登的传奇经历。拜登也曾是一名口吃症患者。他通过不懈努力，成为万民敬仰的出色演说家，并成功当选第47任美国副总统。这个励志故事，让纳兰热血沸腾。如果拜登可以，她也可以！为了女儿，她誓要与口吃心魔缠斗到底！

无路可走，只能先模仿。就从模仿拜登的朗读开始！纳兰打开了《林肯传》，可她的口舌就是不听使唤，没读几个字，她就被卡住了。纳兰试着从头再来，但反复都被卡在同一个地方。半小时过去了，她磕磕巴巴还没读完第一段。当再被卡住时，她就跳过那个字接着往下快速读。不知不觉，她从晚上9点一直读到了凌晨。虽然读得异常艰难，但她还是磕磕巴巴地读完了20页，而且她发现，越读到后面，她被卡住的次数越少。纳兰激动得睡不着觉，躺下又起床继续朗读。那时那刻，她只有一个信念：天将降大任于斯人也，必先苦其心志劳其筋骨……晨曦时，纳兰读完了整整100页。她累得近乎虚脱，但舌头却轻松了许多。她高兴地亲亲女儿的脸蛋，激动地说："妈妈以……以后可……可以给你讲……讲故事了！"

此后，她坚持每天五点起床，用最快的语速朗读各种书籍、报刊，甚至是小广告。无论工作多忙，只要有一点儿空闲，她就大声朗读。坚持了一段时间后，纳兰发现虽然自己说话还不算流畅，但已不像以前那么困难了。为了更快进步，她鼓起勇气报名参加了单位举办

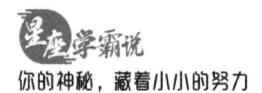

你的神秘，藏着小小的努力

的演讲会。

得知她报名后，很多人私底下议论纷纷，有些人等着看她的笑话。纳兰事先将演讲稿朗读了几十遍，她告诉自己：不管发生任何事，都要勇敢地说下去！那天，纳兰第一次站上了演讲台。一开始一切顺利，但讲到一半时，她突然忘了词，等她眨眼间再想起时，舌头又不听使唤了！她既紧张又羞愧，手心直冒汗，不由得闭上眼睛深呼吸。这时，台下响起了掌声。她向大家鞠了一躬，跳过那句话，勇敢地讲了下去……同事们都为她的进步感到震惊。但她知道，要真正打败口吃，她还有很长很长的路要走。

纳兰决定再次挑战自己，去做推销员练胆量练口才。事先，她已将推销语在心里背得烂熟，可当对方问她做什么时，纳兰突然说不出话来，呆站在那里。对方砰一声关上了门，差点儿撞到了她的鼻子。

她鼓足勇气，又敲开了好几家房门，可结局都一样。最后，有个叔叔同情她，买了她的一瓶洗发水，并对她说："姑娘，想成为一个优秀的推销员，不是一味蛮干，不仅说话要利索，而且要有感染力。"听完这话，纳兰既感动又难过，可怎样说话才能有感染力呢？纳兰想到了那些慷慨激昂的演说家。

成为一位演说家？纳兰都被自己的这个想法吓了一跳。可为何不行呢？拜登副总统不也做到了吗？纳兰树立了一个远大的目标，成为一名演说家！

与高手过招，方能更快进步。纳兰在网上找到了一家口才培训机构，决定去参加演讲培训。

口吃患者蜕变演讲者，人生就要挑战不可能

口才演讲训练，加上每天100页的快速阅读，纳兰读过的书越来越多，有感而发开始了写作。为了锻炼胆量，纳兰开始在路边、广场对着路人演讲。但行人脚步匆匆，演讲效果难以评判。如何才能找到相对固定的听众呢？纳兰做出了一个大胆的决定——她要到上海地铁一号线上连续做20天的演讲！

第一趟地铁来了，她没敢上；第二趟，她还是没敢上。这时，她的脑海里冒出了一句林肯的话："有些事一些人之所以不去做，是因为他们认为这绝不可能。其实，有许多绝不可能，只存在于人的想象之中。"

那时已过了上班高峰期，但地铁上还是坐满了人。纳兰紧张地扶着栏杆站着，深吸一口气后打开了便携扩音器，开始讲拜登的故事。各种各样的目光向她投射过来，纳兰始终盯着车厢门，不敢迎视任何目光。而更糟糕的是她说到一半时，居然忘了词儿，最后匆匆收尾。唯一值得欣慰的是，她没出现严重口吃的现象。这让纳兰深受鼓舞、信心倍增！

第二天，她没忘词，只是突然发现对面的人捂嘴在笑，她一时被扰乱，稍微停顿了一下。然而到了第五天时，地铁工作人员以为她在搞传销做广告，板着脸将她请下了地铁。

纳兰不愿放弃，便把她的经历告诉了对方。最后，乘警同意她不用扩音器在地铁上演讲。就这样，她坚持了整整二十天。虽然没有话筒，但她的声音越来越响亮。最后一天，她讲了自己的故事。当她说

完最后一个字时,车厢里响起了雷鸣般的掌声。这么多年,她无数次想象过自己能彻底摆脱口吃的那一天,而现在,她做到了!

地铁演说,纳兰永生难忘。而每天快速朗读的习惯,她坚持了整整9年。时光的打磨,让拙石终成玉。2016年5月,她参加了《我是演说家》的选拔赛,与主持、播音专业的专业选手同台竞技。面对成千上万的观众,她从容自若、挥洒自如。随着她在演讲领域知名度的不断提升,纳兰泽芸先后受邀站上了清华、北大、复旦、莫斯科大学、圣彼得堡大学等著名高校的演讲台。而为女儿讲《格林童话》,她早已能声情并茂,滔滔不绝。2017年,她还被有"文学黄埔军校"之称的鲁迅文学院录取。2017年5月,纳兰泽芸作为"中国梦·一带一路东盟行"演讲团成员之一,站上了一带一路东盟五国的演讲台,在马来西亚、老挝、柬埔寨、印度尼西亚、泰国东盟五国发表演说。台上,她舌灿莲花、自信优雅地向世界讲述中国梦,受到各国人民的热烈欢迎。

从口吃到口才,将不可能变为现实,纳兰泽芸成功了!这,就是坚韧的力量,梦想的力量!

一个差生的救赎

文/汪微微

我在一所离家较近的普通中学上的高中。它不仅不是重点中学，而且远离市区，离最近的小镇也有三五里地，很是荒僻和冷清。

在学校的西边，一条静静的河缓缓地流着，南边不远处，一段老旧的铁路，蜿蜒着伸向远方。每周半天的休息时间，我都会出去，一个人沿着河边或铁轨，慢慢地走很远很远的路。直到那些时常汹涌的心事与情绪，再也跟不上我的脚步。

那条绵延的河流和铁轨，对于心有诗意和远方的我来说，是一种洋溢着温暖和希望的存在。它们一直都在用自己的方式提醒我，你就是自己的远方啊，未来会怎样，要用力走下去才知道。

承认自己是差生，是需要极大勇气的。那个年龄，虽不肯服输，但也真的怕输。我的父母都是普通的农民，他们能为我提供的最好保障就是读书。否则，他们的现状，便是我一眼望到头的未来。所以于我而言，伴随成绩一起落下的，不仅有稀薄的骄傲和自信，还有一段长长的未来和人生。

正式把自己列入差生的行列是在高二选择进入理科班之后。身边没有人想过我会选择学理,在他们看来,一个除了看书、写字之外再无爱好和长处的女生,选择文科难道不是天经地义的事情吗?

选择理科,是和自己赌气的结果,同时也是和别人赌气的结果。我曾在一篇文章里写过:"我们可能永远也不会知道自己想要的是什么,但一直都很清楚自己不想要的是什么。没有人可以公式般地固化我,我也不想遵循众人的想象。我未来的样子,我要自己做主。"是的,我不想让大家觉得,我始终只是一个样子,笨拙、羞涩又胆怯。我希望自己能够拥有粗糙但强大的力量,赶走内心的怯懦和自卑。

在我的眼里,理科就具有这样的力量。理科出身的人,有着不露声色的聪明,就算去冒险也有着饿不死的底气。对于理科,我有着健康、明亮又一意孤行的幻想。它像一个剑眉星目的少年,挺拔、俊朗,朝阳的一面五光十色,背阴的一面筛下星星点点。一群人匆匆赶路,脚步踏出金属声响,连笑声都是杠铃般的质感。

就这样用幻想修饰、带诗意美化,我鬼使神差地把自己"骗"进了理科班。

在理科班的日子里,我的大脑像被场大火烧得寸草不生、片甲不留。尤其是物理和化学这两门课,我完全听不懂。即使是课本上那种仅需套公式的题目,我也无从下手。和惨不忍睹的成绩一样让我难过的,还有内心翻江倒海的崩溃感。有时花去一个散步的下午积攒起来的自信和上进心,常常会在一道道数理化题目或少得可怜的分数面前败下阵来。半学期后,我将自己的桌椅拖到教室最后排靠窗的角落处，仪式感极强地缴械投降。上课听不懂时，我或埋首画画，或仰望窗外风起云涌。我安安静静地放弃着，有时都能闻到自己身上腐朽的气息。心里惊涛骇浪，脸上却倔强地波澜不惊。我的沉默，像夜色，越发厚重和深沉。

在爱好之外，写字成了我的情绪出口和表达方式。于是，晚自习后，我常常会躲在被窝里，就着微弱的手电筒光，用力写下一行行歪歪扭扭的文字，带着仰面朝天的困惑，载着微凉的体温与不动声色的渴望。

写字当然没有让我的成绩变得更好，却让我得到了许多善意的关注和帮助。

前面提到过，我的高中地处偏远，默默无闻，留此任教的以入职不久的年轻老师为主。除了热情和活力之外，他们对成绩没有那么敏感和苛责，对差生没有责罚，对学生也不区别对待，并且更容易看到差生的闪光点，并鼓励个性化的成长。

我高二时的语文老师，是个帅气又忧郁的诗人。他的诗句，曾在校园里广为流传，也曾在很多学生心中起伏。他给我们布置了两项固定作业，一项摘抄，一项周记。理科生对语文都很敷衍，我却写得用心认真。我没想到有一天他会检查周记，他布置的很多作业，都没怎么检查过。

他是那种随性的人，强调但不强迫。周记一个星期后返回，我打开自己的周记本，习作后是一段很温暖的文字。他在日期和"阅"字前，很认真地赞美："文笔悠远，情致绵密、淡雅，希望坚持。"

他的欣赏像砍向我内心冰封大海的斧头，让我看到自己身上的能量与微光。而他对诗歌的喜爱与坚持，也让我觉得人生也许还有另一种可能，并不是所有的河水都将流向大海。

物理老师是语文老师的铁哥们儿，受语文老师之托，他绞尽脑汁地在课堂上夸我，希望拯救我的自信心，鼓励我勇敢地坚持下去。有一次，他实在夸无可夸了，只好说："希望你的物理成绩，能考到语文成绩的一半。"

化学老师是爱唱《透过开满鲜花的月亮》的文艺青年，他很懂我，比懂我更强烈的是想帮我。所以他每次经过我的课桌前，都会有意多停留一会儿，以便我能抓住时机及时提问和请教。他做出了随时单独给我开小灶的准备，可我毫无胃口。每次看到他走向我时，我都觉得"世界末日"来了。

我高三的语文老师，职务是教导处主任。他姓朗，却有着鹿的良善与儒雅，他是我这一生里遇见的最特别的教导处主任。对待学生，他从不高高在上，也从不咄咄逼人。说话的声音里都透着微笑，并且抒情气质浓郁。很多年后，在女生节那天，我还收到他发来的一条短信，他写道："如果你的电话号码换了，祝福在我心中；如果你的电话号码未换，我的祝福在花蕊中。"

拥有"最强大脑",就能成才吗

文/龚丹韵　方佳琦

聪明的人究竟什么样?科普综艺节目《最强大脑》第五季找来100个学霸,通过各种项目的比拼,把何为聪明展现在大众面前……那么,普通人究竟离"天才"有多远?

当100名学霸按照排名站上舞台,大部分观众是蒙的。这100人究竟是怎么选拔出来的?凭什么他们就是聪明人?仔细观察,其中不乏高考状元、清华北大学霸。但也有普通高校学生,甚至未成年的初中生。

北京师范大学心理系教授刘嘉是节目幕后的科学团队负责人。他参与了节目全部的项目科学评估,也为甄别这100名"天才"制订了一套测试题。选拔之初,刘嘉把测试题分为几类,如矩阵推理、类比推理、空间能力、创造力等。这100名学霸就是靠这套题目选拔出来的。然而,再科学严谨的量化测试,也未必能代表一切。

当100个"天才"集体比拼数字华容道、层叠消融等项目时,有人因过于紧张,手指颤抖,按错提交按钮;有人方寸大乱,发挥失常。

于是，大家不禁产生这样一个困惑：什么是天才？能力排名强弱的意义在哪里呢？

关于什么是天才，观念一直在演变。总结而言，有两个有趣的发现：第一，智商高的人，平均而言成就确实更高。第二，聪明人未必拥有更好的未来。

"大量心理学研究表明，一个人的成功，只有20%来自智力作用。"刘嘉说，"还有80%来自非智力方面，比如创造力、领导力、抗压能力、情绪稳定性、有成就动机等。"然而，在统一的应试教育体系下，我们先天更擅长什么、不擅长什么，很少人有准确的自我认知。

脑王杨易不仅在节目中一路赢到底，每当队友失误，杨易就是力挽狂澜的那根"定海神针"。网友评价他的表现为"智商和情商双高"。但杨易言："我从小就有点儿自卑。"他说自己文理成绩均不突出，义务教育阶段全靠努力。至于被称赞"情绪稳定、情商极高"，杨易回答："我就当比赛是一个游戏，没太在乎输赢。"不过，这个道理选手都懂，可知易行难。杨易这样想，就真能这样做。这就是出色的情绪控制能力。

杨易对自己的判断，还有一个偏差。最初，他认为自己的思维强项是空间能力，然而节目组的人对他说："你空间能力一般，着重做推理项目比较好。"杨易起初不信，可随着项目一个个比下来，他切身感受到"空间能力"高手们远远比他强，推理能力才是他的优势。

几乎每一位选手都表示，参加节目后，变得更自信了。刘嘉用试题选拔出的"天才"表现有目共睹,但与他们的日常生活、心理预期往往形成反差。14岁的杨英豪被誉为"黑马",本以为这是一位名副其实的"天才儿童",但杨英豪说自己并没有这种自觉和认知。

杨英豪班上学霸云集,他的成绩维持在年级前50名。他是《最强大脑》的铁粉,主动报名参加了海选,在他看来,班上的学霸们只是没去参加考试罢了,不然可能成绩比他更好,"我觉得自己不算厉害"。在南京面试时,杨英豪第一次看迷宫花了一个半小时,十分不适应拆分成上下两层的迷宫,但是第二次看迷宫题时,15分钟就得出了答案。这也佐证了刘嘉对天才的判断:他们学东西就是比别人快,悟性高。

参加节目给予他的不仅仅是自信心,更大的收获在于,和一群不同经历、阅历、年龄的人在一起,开阔了眼界和思维,视野开阔后,他觉得自己"性格放开了点儿、胆子变大了点儿"。他甚至自己总结说:"每个人擅长的地方不一样,我感觉自己在计算机上有一点点天赋。"如今,和父母商量后,他主动退出了奥数班,因为"不是真心喜欢奥数",现在每周都去上计算机课,越上越喜欢,成为程序员、创立一家微软那样的公司是他的梦想。

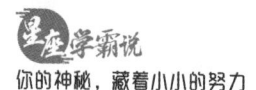

你的神秘，藏着小小的努力

为什么叠被子能改变一生

文／贝小戎

士兵为什么每天都要把被子叠得非常规整、把个人物品摆得整整齐齐？据说是为了在紧急行动的时候，能迅速找到自己需要带的东西。

2014年，美国海军上将威廉·麦克雷文给出了另一种解答，他在得克萨斯大学的毕业典礼上说，叠被子是你改变世界的起点，"如果每天早晨起床后你都整理好床铺，你就完成了一天当中的第一项任务，这会给你带来一种小小的自豪感，并鼓励你去做好下一项任务。如果某一天的任务令你苦不堪言，至少回到家中，还能躺在自己整理好的床铺上，这张整理好的床铺会给你带来很多鼓励，期待明天会更好。"

麦克雷文这场演说的视频在视频网站被观看了600多万次，还被整理成了一本书《叠被子：海军上将的人生攻坚训练》。

在书中，他又把叠被子拔高了一下，他说："人们一直在寻找某些东西能够聊以自慰，能够激励自己开始新的一天，能够在这个时常丑陋的世界里找到一丝一缕的自豪感。有时候像整理床铺这样简单的运动也可以给人鼓舞，让你带着期盼去迎接新的一天，同时也给人带来满足感。"

麦克雷文曾经在海豹突击队服役37年，他说军队教官对叠被子有着极高的要求：边角处要成90度直角，被子要叠得方方正正，床单要拉紧铺平，枕头要放在床头板下方正中间的位置。教官检查时，会把一枚25美分的硬币抛到空中，让它落到床垫上，看看它会不会弹起来，叠得好的话，硬币能弹跳几英寸高，足够教官再次把它抓到手中。

萨达姆被他列为反面教材。他说，2013年12月，美国军队捕获了萨达姆，监禁期间，他被安置在一个小房间里。他睡的也是一张行军床，但盖着奢华的床单和被子。麦克雷文每天要探视一次萨达姆，他注意到，萨达姆从来不整理床铺，他的铺盖总是被皱巴巴地卷到帆布床的床脚处，《卫报》专栏作家约翰·克雷斯戏言："正是这种懒惰导致了独裁者的垮台。"

自从得知有一位海军上将赋予叠被子如此重要的意义后，我就开始认真叠被子了，反正也不是特别费事。但他在毕业演说中还阐述了他在海豹突击队学到的其他9条经验启示：不要孤军奋战；内心的大小才是最重要的；生活是不公平的，勇往直前即可；失败会使你变得更强大；要勇于挑战，直面凶险，随机应变，把希望带给他人，永不言弃。

失败更多的时候让人一蹶不振，转败为胜的关键是什么？麦克雷文在书中讲得非常诚恳：他所说的失败是训练时达不到教官的要求，这时就会受到惩罚，这不只是心理上受到影响，"你会被附加的锻炼搞得筋疲力尽、疲劳过度，以致在接下来的项目中再次难以达标。失败的恶性循环导致许多学员放弃训练。"但是教官的惩罚性加练会让一些学员变得更强、更快、更自信。

什么叫命运的不公平呢？他说，教官在检查士兵的仪容和床铺时，不管你把帽子整理得多么硬挺，制服熨烫得多么平整，皮带扣子多么光亮，教官总能挑出一些毛病，你永远都不可能整理出完美的制服。

教官心情欠佳的话，会把士兵的床铺扯开，要重新铺，甚至会做出体能上的惩罚。这时正确的态度是，不要抱怨，不要责怪你的不幸，"普通人和伟人的区别在于他们如何处理命运的不公平：海伦·凯勒、曼德拉、斯蒂芬·霍金、马拉拉。"

麦克雷文在演讲的开头说："今晚有8000名学生将从得克萨斯大学毕业。某网站得出一个数据，每个美国人一生中平均会接触到1万人。如果每个人能够改变身边10个人的话，这10个人又改变了另外10个人的生活，那么经历五代人也就是125年之后，8000个人能改变8亿人的生活，8亿人，超过了美国人口的2倍。"

影响怎样实现？

有杂志采访麦克雷文时，问他去别人家里做客时是否会观察床铺整理得如何，他说："不会。我不会论断别人的床。只管我自己的。"

记者又问:"你的孩子每天整理床铺吗?"

他说:"我鼓励他们那样做。他们都长大了,离开家了。我没机会确认他们是否听从我的建议。"

对于如何睡个好觉,他的回答是:"白天努力工作。"

你是怎么培养自信心的

我们是天蝎座（4）

20:11

天蝎君
说到自信，大家有什么绝招呢？

20:15

 J
以前说话磕磕巴巴的，所以就参加各种演讲比赛，强迫自己去丢脸。

 茉莉胭脂
别人越嘲笑你，你就越要抬头挺胸。这招真的很有用！

23:00

 陈伟霆
工作中会发现自己跟别人差了很多，这时候就需要强大的自信心支撑啦！

一张无害脸,却早就瞄准猎物 Part 3

 天蝎君

人生中从来没有什么是必然如此或者必须如此的,无论是想要追求什么,都不要等,要去找、去追,去咬定青山不放松。好运不会凭空砸在你头上,只有对准目标,快速奔跑,才有所谓的"幸运"。

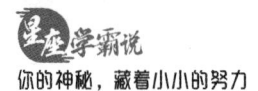

你的神秘，藏着小小的努力

王源：喜欢我，就和我一起努力

文／天蝎君

近日，TFBOYS（加油男孩）组合的王源代表中国青年在联合国经社理事会青年论坛发言。他说："我坚信青年的力量可以影响到我们生活的世界，我也期望我们的决心可以创造出改变。"这个年仅16岁的少年正式登上了国际社会的大舞台。

天蝎座少年一直在进步

2016年，王源开始涉足影视。太多人以为，小鲜肉嘛，不过是刷个脸而已。然而凭着几个打酱油的小角色，王源居然在业界前辈那里刷出了存在感。主持人李锐夸奖他："导演说这小孩没有经过这方面的训练，要带带他。但拍到情感戏，他一转头，眼泪出来了！那时特别冷，他就光脚踩在台子上面，一拍一上午。"王源做事目标清晰明确，涉足了影视圈就想做好的想法展露无遗。

演出间隙，王源也没放松学业。2016年，王源中考结束，他凭借自己的努力通过了重庆南开中学的特长生考试，总成绩位列声乐组第一名。没错，王源的出现颠覆了人们对"学霸"的认知，原来"学霸"也可以真的像漫画书里的少年一样，学习成绩和歌唱表演一齐闪光。

其实，只有王源清楚自己所付出的努力，特别是在要兼顾演出的情况下，学习不得有半点儿马虎，即使是前一天刚从外地演出回来，第二天王源也会准时出现在教室里。中考的前夕，王源更是选择了"闭关"苦读，这也显示出了他很明显的学习特性——不达目的不罢休，王源就是这样，即使工作再忙，也让自己的学习保持第一名的好成绩。就像他在微博说的："即使再忙也请大家跟我一样，要爱学习哦。"

"王源从来都不是一个完美的存在，正是因为看过他最初的样子，才让我们理解成长的意义。"就像他自己说的：少年强，不是指少年哪方面都特别强，而是少年一直在进步。

尽最大的努力，做百分百的自己

有些人之所以成为万千人的偶像，大概就是因为人们向往的模样他都有吧。比如王源，少年成名，却不忘努力；青春朝气，却不爱张扬！

出道这几年，在学校里，老师和同学们都把他当成普通同学看待，虽然说在"学生身份"和"明星身份"之间，王源可能更喜欢前者带来的轻松和随心所欲，但其实无论置身哪种身份，王源都很努力，且能概括那种努力程度的，大概也只有"拼"了。

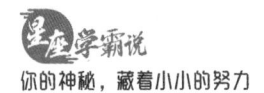

出去跑通告，卡时间的时候他一个周末要去四五个地方，结束后就直接瘫在那儿了，但工作中却从不喊累。在面对他不是很擅长的跳舞领域，他会反复强调"哪怕我只有百分之三十的天赋，也会投入百分之七十的努力，做百分百的自己"。

作为青少年组合成员，TFBOYS的三位成员可都是学霸。王源在多次益智类综艺中的表现，也都淋漓尽致地展现出他丰富的知识储备。

在《最强大脑》中，他补充说明"雾霾可以防导弹"引得全场爆笑，回答问题快速准确更是让人震惊。在《疯狂的麦咭》中，不论是冷门知识宇宙的"宇"的意思，还是其他的少数民族知识、地理知识、计算机知识，他都能脱口而出，出色的表现让主持人李维嘉都觉得震惊。在《加油向未来》中，他熟练地运用所学的物理、化学知识，解释杠杆原理、摩擦力等，都达到了百分之百的准确率。

比学以致用更加可贵的是他从不随波逐流的三观。即便是在所有人都咬定某一个答案的时候，天蝎座的他还是能够遵从内心，坦坦荡荡说出自己的想法。

除了是学识方面的高智商代表，他还是一个高情商少年。这种情商，不是抖机灵，不是圆滑世故，而是源于他自己性格本身的真诚。无论是拍戏，还是参加活动，他永远都是最会照顾人的那个，会给同伴顺手倒水，会跟身边人主动打招呼，会乐呵呵跑去和盆栽做朋友，会用普通人的方式去做偶像应该做的事。之前在生日会上，他穿了一身简单纯白的披肩，笑着跟大家说"为了保护小动物，用的是人造皮毛,只需要30元哦"。语气虽很轻松,态度却是有板有眼的认真。

  这就是王源,一个没有野心、不忘初心的少年。在这错综复杂的娱乐圈江湖中,他只想用自己最纯粹的歌声晕染出一场浓墨重彩的折子戏,给星空,给远方,给所有喜欢他的人。他说他不是偶像。但偏偏成了我们喜欢的模样!

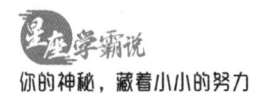

定好目标,用适当的方法"玩转学习"

文／王旌尧

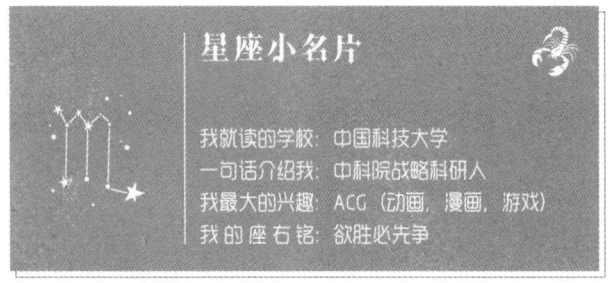

很多学弟学妹经常问我:"为什么我努力了很久却没有收获呢?""刚开学的时候我很有冲劲儿,但是为什么越到后面越没有动力了?""玩游戏的时候根本停不下来,为什么学习就不能像玩游戏一样呢?"相信这些问题,也是我们每个人都会遇到的关卡。

我也是一个爱玩游戏的人。不得不说,游戏真的会严重妨碍我们学习。因此,根据以往的学习经验,我给大家教一个绝招——给自己设立目标。

为什么一定要有目标?不少人会问起这个问题。在我看来,目标是每个人必备的制胜法宝。不管是在生活中，还是学习中，目标都是一个很有吸引力的词，就像小时候老师经常告诉我们："你要认真写作业就会得到一个小红花。""小红花"就是我们的目标，为了这个目标，哪怕来来回回修改多少遍都不是问题。学习过程也是如此。

"学习"这个家伙很是矜持，从不肯轻易透露出自己的好，需要我们自己细细体会。

如果"学习"是boss（老板），我们要怎么做才能游刃有余地秒杀boss呢？

技能一：设定长期与短期目标

所谓的长期计划，可以是每个学期的计划，甚至可以是整个初中或高中阶段的计划。

刚进入初中的时候，我就告诉自己一定要考到年级前50名，没想到入了游戏的坑，整天想着怎么玩游戏，结果中考没有去自己梦想的学校，所幸高中阶段幡然醒悟，不瞒大家说，我用高一整个学期的时间，才把初中丢掉的知识补回来。

我习惯通过一些参考书来提升自己的知识能力，不过，我知道很多同学也跟我一样，被很厚的参考书吓到了，那些动辄七八百页的参考书看上去简直就是不可逾越的高峰。

其实，面对它们，你只需要制订参考书的学习计划就可以完胜，比如一本参考书需要多长时间能完全吸收，怎么分配每天的学习任务……合理的制订计划后，"用三个月的时间，每天看十页"看上去

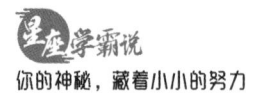

就没有那么吓人了。这种方法适合大多数科目。

技能二：让付出与回报成正比

学习中经常会出现辛辛苦苦熬夜复习，成绩却还是不见起色的情况。

在这种时候，不如我们换个角度，换个思路想一想，会不会不是我们做得不够好，而是方向不对呢？举个例子，如果任务内容是"需要三颗苹果"，而你拿了三斤肉排去交任务，也是没有用的。即使是用三十斤肉排，甚至是三十斤更贵的火腿也无济于事。

在努力之前，先看清楚，想清楚，你会发现"三颗苹果"这种任务其实一点都不难。只需要对准目标，直击目标。

技能三：注意力真的很重要

学习都会受到一种共同的神经递质——多巴胺影响。这种神奇的物质不仅能够改变我们的心情，还影响着很多其他重要的指标，比如动机、认知和注意力。

脑科学家们发现，当人具有强烈的动机，注意力高度集中时，多巴胺指标也会出现峰值。那这是不是说明我们是被多巴胺这类物质所控制的生物呢？或者说，是不是有些人因为先天激素的原因，就注定无法集中精神，高效地学习或者工作呢？

并非如此。尽管先天因素因人而异，但是每个人的大脑都是具有可塑性的。当我们的大脑感觉到更多的奖励时，就会分泌更多的多巴胺，形成良性循环。

我写这篇文章的开头二百字用了整整一个小时。这一个小时里，我把热点新闻、群聊的对话记录翻了个遍，就是迟迟不能进入状态。但是慢慢地，当我真正开始动手以后，看着屏幕下方的字数慢慢增加，我的大脑不断地获得正向的反馈，注意力始终保持在高度集中的状态，效率也就越来越高了。

所以，每次刚开始学习进入状态这个过程是最难的，不要焦躁，找到合适自己的环境和属于自己的方式，完成自己给自己定下的分解后的小目标。再回过神来时，学习的效率可能已经大大超出了你自己的预期。

技能四：预测能力是兴奋剂

不可否认的是，"不确定性"能给人一种特别的快感，已知的奖励会激发人们前进，但是未知的奖励能带给人更多挑战的快乐。把"不确定"应用在学习上的方式，叫作押题。

我在高中的时候，最喜欢做的事情就是给自己出题，大家都知道，男生不像女生一样可以认认真真做好笔记，我们只能用"快、准、狠"的办法一招制敌，才能挤出来一点儿时间去打篮球……其中，会押题就是一项独门秘籍。

我这里说的押题，指的不是临时抱佛脚式的押题，而是在做好准备的基础上，适当地对题目进行猜测。

怎么押题呢？我通常做完一道题，就会想这种类型的题还会用什

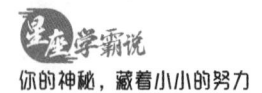

么方式考呢？老师肯定会换个说法的，但是万变不离其宗，基础考查还是不会变的。

闲暇时间，多看些时事新闻、古今杂谈之类的文章，再偷懒也一定要看满分作文，看看别人的思路，会让你受益很多，说不准哪次就能用在作文里艳惊四座。

技能五：同伴的力量

这是很容易被人忽略，却至关重要的一项因素。我们从别人的心得体会里学到窍门，同时也得到竞争的机会。

同伴，恰恰是实现目标的过程中最有效而难得的驱动力。同样的问题，每个人解决的方法都是不一样的。所幸，上学的过程中最不缺的就是同伴。珍惜身边的伙伴吧，他们将成为你成长路上最重要的回忆。

学习的过程很漫长，其中还有"中考""高考"这种无法轻易跳过的超难boss。制订适合自己的路线，打败每一关的"boss"。通关后再回头看，我们所完成的，可能早已超过了自己当初的想象。

有"的"放矢成就筑梦踏实

文／林佳桦

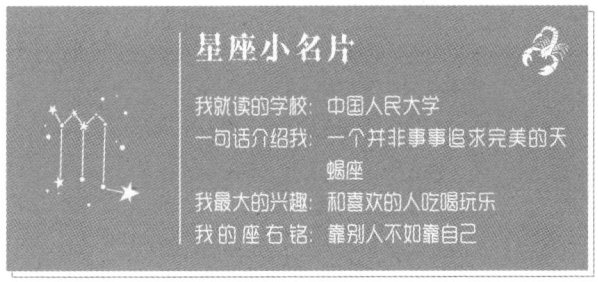

"好感"是求学路上的垫脚石

初二那年我对一位师兄心生好感，他的相貌并不是格外出众，但我钦佩其才华横溢。他是管乐团的竖笛首席，整个乐团的调音都仰仗他的指挥，虽然位居要职却十分低调。每次练习的空闲，我的视野都在谱架之间寻找最佳的"欣赏"角度。后来，随着升学考试逼近，初三的学生不用继续在管乐团练习，我便成了乐团里最长的一辈。待师兄毕业后，得知他考取了我们省内第二名的学校，而我在学习之余，以询问升学相关事宜的理由，与师兄有了更进一步的私下联系，那时的我总自认不如师兄聪慧，他的学校是我引颈期盼的归宿，于是我愈加勤奋读书，甚至断了跟师兄的联系，直到我走出考场。

结束中考的当天，我便回家对了答案，算出了总分，妈妈又带我去了补习班老师那里，老师一看我的成绩推算我的全省排名，很笃定地说第二志愿没有问题，第一志愿可以拼一拼，机会也很大。

在这样的鼓励下，我火速和师兄再次联系上，并开始询问他们学校的各种细节，并设想着未来的校园生活。到了选填志愿时，妈妈却不同意我放弃填报第一志愿的机会，甚至闹了一场家庭革命，最终我不得不屈服于母亲大人的意思，并且也被第一志愿录取，对于这样的结果，师兄的态度也就急速冷却。

回想这段经历，我自己认为倘若对方真心祝福自己，是不会因为你获得更高的成就而不满，虽然失落却也感激，感谢在关键时刻有了一个目标，让我达到过去不敢奢望的结果，初中时期的暗恋是我学习路上的第一块垫脚石。

我又参与了北京的交流项目，并最终被省内第一志愿的大学录取，同时也被中国人民大学录取，我完成了当时对自己的期许，最终选择距离那位师兄更远的去向，更好的依归。而我对自己更多的认识是，发现为了他人努力有时候比为着自己努力要有千万倍多的动力。

做一个不立flag的人

前阵子不知道什么缘由，校园里众人起了"立flag（旗，此处指一些征兆）"的风潮，庆幸的是大学过去的三个学期后，我仍是一个没有立过flag的大学生，理由很简单，首先我不想因为flag倒了而接受惩处，简称尿。其次，我坚信真正有目标、有大志之人，是不需要立flag的。

以我的室友为例，为了体重日增的愧疚，她立下了一周不喝奶茶的旗，有时候这面旗会倒，有时候则不，但其实倒与不倒的区别并不大，因为一周以后，她仍然可以每天喝一杯以上的奶茶，这种旗是起不到功效的。家乡有一句老话说："惦惦呷三碗公。"大意是，看起来很安静很没有实力，却能吃三大碗饭，假使我们真的有什么目标，最好的付诸实现绝不是先放出一个口号，而是实实在在踏实地去完成，有些时候一面旗子立得过于高大，反而容易引人捣乱。确实，每个人的理想都不该受他人闲言碎语，但我们终究是管不了别人骨子里的八卦习性，大学录取结果一出来，别人不会理睬你谨慎思索后的选择，他们只会瞧见这个结果貌似和过去那面大旗不太一样，我们能不能确保自己不被耳语所伤？还未成就之前说的是狂言、梦话，成就以后说的才是经验分享，不立flag不是没有抱负，而是抱负过于远大而不容途中一丝动摇。

放下脸皮，礼貌骚扰，我的大一假期

由于我有着特别急于规划下一步的性格，在大学入学以前便开始盘算如何能离我的梦想更靠近，在进入大学之后更是耐不住性子，不停寻找增进能力的机会。大一时，我注意到学院开放了一个新设的培养项目，我深知这个培养内容是我来到这个学院的初衷，因此兴趣极高，可惜最终并未录取。在那之后我便更积极寻求培养自己的机会，例如走访北京的各个景点，尝试各种北京特色的美食，个人认为了解自己学习地区的风俗民情，是大学离家所必须把握的机会，通过这样的走访，实质是帮助我们掌握资源所在，为后续的规划铺路。接着，我要以自己的经历，阐述厚脸皮的帮助究竟有多大。

在快进入大一的第一个假期前，为了有效利用空当，我便上网搜寻家乡内与自己专业相关机构的学习机会，首先便是台湾地区的图书馆，在朋友的信息下，我得知对方有工读的需求，我不畏被婉拒的可能，与负责人邮件联系，得到的回复是他们希望应征能长期服务的人员，于是我放低姿态诚恳表示，若我符合其他人员需求的条件烦请让我知晓。不久，对方给我推荐了一个为数几日的工读机会，虽然此岗位与我的专业方向并不是高度相关，但能参与进如此权威机构的工作，一方面也是拓展我在专业领域的人脉，因此我欣然接受。

这是厚脸皮第一次发挥它的功用，不畏拒绝、不厌任何机会，我的大一寒假有了小小收获。

时间跳跃至升大二暑假之前，我再次联系了国图的那位负责人，不过这次交付的工作却不能满足我。在浏览网站时，我又看见了几个感兴趣的职缺，于是将自己的情况、经历发给对方，但是至今未有回信，这是我第一次无功而返。接着我通过网上信息，联系到北京大学图书馆的一位职员，询问是否能提供学习机会，对方礼貌回复也表示乐意，但是正逢北京大学古籍的迁移，因此所有工作近乎停摆，至今依旧没有回复，这是我第二次的失败。可这两次失败的经历并没有令我退却，我也不会因此放弃，机会的获得本就不易，成功是奇迹，失败反而才是常态。

幸运的是，在中研院史语所以及北京大学的尝试都宣告失败后，终于有了好消息。在前往北京就学之前，为了初步了解自己所学专业的内容，我前往了台湾大学档案馆，对此地印象深刻，于是我发邮件给档案馆的一位职员，表示了自己的学习意愿，不久对方回复前阵子刚进行了新一批志工的申请，虽然时间已过，但我仍然可以参与部分培训课程。由于这样的机会是经历好久的争取以后才得到的，因此我更为珍惜这次的学习机会。

现在的我依旧在做许多厚脸皮的事，不管是询问老师或者任何有经验的前辈，因为认知到有时候机会必须由自己创造，且脸皮的厚薄只是一瞬。

在每个人生阶段，每个人都会有属于自己的难题，"目标"就是在试图解决的过程中，能够稳定自己心绪的方向，以我的经历而言，并不是每个目标都能如愿达成，但是不要忘记，在我们有了目标以后，即使没有成功，也是离自己所向往的状态更靠近了一些。

多争吵，益学习

文/李备

怎样使学生更健康地成长？英国谢菲尔德·哈莱姆大学研究人员从当地78所小学里，选取了2495名五年级学生（9～10岁）进行了教学实验。这些学校都不是太好的学校，差生比例高于当地平均水平。

研究人员在这些学生中随机选取一部分，不以传统的讲授方式教学，而代之以"对话教学"，鼓励学生不仅要像往常一样回答课堂问题，还要参与讨论、推理、辩论、解释，甚至相互争吵也可以。测试发现，参加对话教学的学生比不参加的多了两个月的进步，即进步程度相当于多了两个月的传统学习。

对话教学，没有什么复杂策略，但它是一项重要工具，能改善学生的整体思维能力，帮助他们学习新的技能，而不单单是明白课程内容。鉴于其良好效果，目前研究人员正考虑研究一种标准模式，方便将对话教学推广至其他学校。

侧睡有利大脑清除垃圾

文/佚名

近日，一项有关睡姿的新研究表明，侧卧睡眠有利大脑健康。大脑垃圾通常包含淀粉样蛋白，这些蛋白质构成了阿尔茨海默病患者大脑中常见的斑块。研究人员相信，通过清除这些蛋白质，大脑可以自我保护不患上某些神经系统疾病。

于是，科学家以小鼠为对象，利用核磁共振扫描，检测小鼠大脑的类淋巴系统通路及从大脑移除有害化学物质的系统，在仰睡、趴睡、侧睡时的工作效率。小鼠在侧睡的时候大脑清除垃圾最高效。

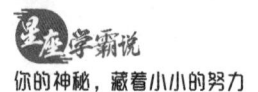

你的神秘，藏着小小的努力

我算不上优秀，只是足够主动

文／刘媛媛

很多人都问过我，怎么想到去参加《超级演说家》呢？怎样才能参加这个节目？

报名参加《超级演说家》的时候我刚考上研究生，每天乘坐地铁跨越半个城市去实习公司上班。有一天下午，我坐在办公室里翻看微博，安徽卫视的官方微博上弹出一条《超级演说家》招募选手的信息。

我点击进入，了解到这个节目不需要唱歌，不需要跳舞，只需要会说话就可以。如果赢得冠军就可以获得100万元的奖金。

我就跟朋友Z说："我要去参加这个比赛。"

朋友问我："你有没有参加过演讲比赛？"

我点点头："参加过。"

她问："什么时候？"

我说："班上选班委的时候。"

她面无表情地接着问我："那你觉得自己在语言表达上有天赋

吗?"

我不敢说有。

有一次,我在食堂排队吃饭的时候,被一对情侣指责插队,整个过程中我在言语上被男女双打虐了一遍,中间一句话也没插上。

被气得头昏脑涨的我最后强迫自己镇定下来,对着两张像机关枪一样不断喷射的嘴,义正词严地吼了一声,然后我抱着饭盒冲出了食堂。

这种情形在我的生命中发生过许多次,我是个连男生都吵不过的人,经常在吵架时被人堵得一句话也说不出来,晚上睡觉前才想出来怎么回呛。

没有演讲比赛经历,并且不认为自己在语言表达上有什么特长,但我还是去参加了比赛。

我判断是否做一件事情的逻辑简单又粗暴。

我想,做这件事情最差的结果是我第一轮就被淘汰,那时候可能会有人说,一个北大法学院的高才生口才那么烂多么丢脸之类的话,但是这个我根本就不怕。

对一个自尊自爱的人来说,脸面是自己给自己的,是取之不尽,用之不竭的。

即使被淘汰了,不过是回到以前的生活,什么都没有改变,何况还多了一种人生体验。无论是成功的兴奋还是失败的教训,无论是认识的朋友还是遭遇的敌人,这些都是无形的收获。

这是一桩稳赚不赔的买卖,为什么不去?最坏的结果我能接受,

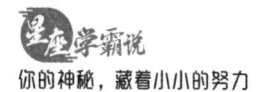

付出的代价我给得起,为什么不去?

按照官方微博的说明,节目报名方法是:拍摄一条自己演讲的视频,发送到××电子邮箱。

我找了室友帮我录制了一段演讲视频,连同简历发送到报名邮箱里,可是没有人理我。

我又发了一遍,还是没人理。

我就开始琢磨,拍个什么样的视频会让导演觉得无论我是否适合,都想见我一面。只要可以见到,机会就大了。

别提什么北大才女了,北大每年毕业生无数,凭什么是我?"北大"这两个字是不好用的。

当我为了报名视频苦恼的时候,看到了著名脱口秀演员黄西转发的微博。我发现北京有一群讲脱口秀的人,每周有那么几天会聚集在酒吧里说脱口秀,观众只需要点一杯酒水就可以听一晚上的笑话。最令人兴奋的是,这个组织在周二和周四接受"开放麦"的报名。如果你觉得自己会讲笑话,可以报名来讲;如果讲得好,可以常来,要求必须是原创。

我想,如果是一个很会说脱口秀的北大女学生,会不会有点儿特别?不如去酒吧讲脱口秀,然后录下来,发给节目组。

去酒吧给很多人讲笑话是出于一种很鲁莽的信心,想着要玩就玩得大一点儿,自己录一段干巴巴的视频没意思,去酒吧讲,有麦克风还有观众,有笑声,有掌声。

这对我来说不是一件容易的事,我过去的人生中除了学习还不错,没有表现出任何文艺天赋。何况讲笑话并不同于唱歌跳舞,它需要观众及时地做出回应,而不只是谢幕掌声,如果我讲的时候大家不笑,那我就要哭了。

为此我做了精心的准备,我把自己过去这20多年能想到的好玩的事情都搜罗出来,跟二哥借了摄像机,找了寝室好友去帮我录像。

下午上完课就6点了,7点要赶到后海那边的一个酒吧,我和我的小伙伴几乎是一路狂奔去的。

到达之后气还没喘匀就到我了,负责人问我:"你准备好了吗?准备好了就直接上。"

我说:"我词没有完全背下来。"

他说:"嗯,那就是准备好了,下一个就是你。"

我紧张得手心出了一层汗,忽冷忽热的,但是我装作若无其事的样子。

我这人最大的本事就是装作若无其事。

我深呼吸,想象坐在台下的都是我的朋友、我的亲人:拿起酒杯抿了一口啤酒的那位,就是我高中隔壁班上的小明;坐在第一排的年轻小情侣,多像我的前男友和他的现女友啊……都是熟人,刘媛媛你不要怕。

把全部的笑话讲完之后,我写在手心的提示词都被汗水浸湿了。所幸效果还不错,该有掌声的地方处处有掌声。这段表演结束之后,我一直称自己是"脱界皇后",因为每次表演就我一个女的。

这段视频发给《超级演说家》的报名邮箱之后,居然还是没人理

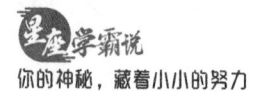

你的神秘，藏着小小的努力

我！

我暗暗想，这世界上任何一件事都打不败坚持，世事最怕"认真"二字，我再发一遍！导演看我这么努力，一定会感动的。

过了很久，还是没人理我。

后来经人点拨我才知道，把视频放在附件里别人下载起来太麻烦，不如直接发个链接。

你看，人们常说要坚持、要认真，并不是让你坚持做错事和无用的事。坚持和认真如果没有"方法"和"思考"，就会让我们沉浸在自己的世界里，成为一个只能感动自己的勤奋的失败者。

我也不确定是不是由于放链接容易被打开，但是之后确实有节目编导联系我了。

联系上之后，他表示要跟我见一面。

我又苦思冥想，怎样能给他留下特别的印象，让他觉得一定要给我机会呢？我总不能坐下来喝着茶跟编导说："我有一个梦想，请你一定让我上电视吧。"

又是恰巧，我看到学院在招聘新年晚会的主持人。

我从来没有当过什么主持人，在过去的人生中，我做得最好的事情就是学习和考试。

但我还是报名了，我暗自谋划，等应聘上主持人之后，就叫《超级演说家》的编导过来看晚会。这样可以给他造成"我是一个在舞台上很活跃的文艺分子"的错觉。

结果我居然真的应聘成功了，因为当面试我的学长问我"你为什么觉得自己适合做晚会主持人"的时候，我说："学长，我脱口秀说得特别好，有视频为证。"

再后来，看过晚会的编导答应给我一个机会上电视。

我想，要是我看到选手招聘启事的时候没有主动去报名，或者我在没有收到回复后自动放弃，又或者我全程都只是听天由命被动地等，大约就没有后来的好事情了吧。

我并不算多么优秀，只是足够主动罢了。

有人说，是你的就是你的，强求不来的；还说，你若盛开，清风自来。

不知道是成长环境造成的，还是性格的原因，我从不认为什么是应得的。

在10多岁的时候，我曾听过这样一个名人故事：铁凝冒雨见冰心，冰心问铁凝有没有男朋友，铁凝说还没找呢。冰心就对铁凝说："你不要找，你要等。"

那时候我就想，爱情怎么能等来呢？除非你真的特别好看。

到现在我周围还有一些单身的姑娘，她们并非喜欢独身，而是始终没有遇到合适的人相爱。

她们总跟自己说，不将就，继续等。

缘分还没到就自己去追，机会还没来就跳起来抢。

别说什么顺其自然，一切现在还配不上的好东西，都是要强求的。

要知道，即便同样有才华的人，利用才华的方式不同，最终走上的路与获得的自我实现也会相差甚远。好比都是漂亮女生，有人利用漂亮去应聘了公司前台，有人利用漂亮去当了网络主播，也有人利用漂亮去当了空姐。

没有人会为我们的才华安排最好的出路。

愿每一个人都不要像我一样，悲观、不相信任何好运，而是在头顶悬挂一个小雷达，"嘟嘟嘟"地四处搜索着机会前进。

人生中从来没有什么是必然如此或者必须如此的，无论是想要追求什么，都不要等，要去找、去追，去咬定青山不放松。

别忘了,你当年是第一

文/杨熹文

我在十八岁高考结束那个暑假,迫不及待去烫了爆炸式的金黄色头发,穿着满是洞的牛仔裤每天朝九晚五地走在闹市里,我在高中书桌前久坐了三年,身体里的自由因子终于在这一刻苏醒,我至今还记得那种连走路都会莫名笑出来的骄傲:我刚刚被外语学院最好的专业录取,无比相信那里有无尽的自由和荣耀在等待我。

我不知道自己等来的,会是另一种情形。

当我走进我发挥了正常水平考入的班级,才发现那里几乎一半以上都曾是高中老师认定的"准清华北大"的选手,不幸在高考时漏填了一面的答题卡,抑或遇见了意想不到的突发状况,才坐在了我的身边。

短短几个月内,我那开学时还高高昂起的头,迅速在同学中间蔫成了瘪茄子,我发现每隔两米,就能遇见一个比我优秀的人——智商爆棚的人物,某市的英语状元,在国外读过高中的同学,五点钟起床晨读的学霸……

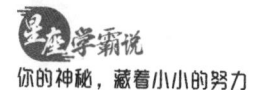
你的神秘，藏着小小的努力

他们在用各式各样的优异向我无声地证明，我不再是高中时那个出类拔萃的尖子生了。

这种感觉非常复杂，对于一个从小优秀到大的"学霸"，我已习惯"众星捧月"的感觉，小学时是老师最信得过的"小跟班"，初中时必定是班级前三名，高中时被同桌羡慕"不费力英语成绩就是年级第一"。记得在高考英语成绩公布的那一天，英语老师特意找到我，她很失望地说："好可惜，还以为这次的英语状元会是你。"

我以为我的人生会一直这样持续开挂，从未料想过今生会遇见自己的"滑铁卢"。

当我坐在大学教室里中央的位置，我开始习惯看讲师的目光投向优异的学生，再轻轻地扫过我的头顶；我听小组讨论时队友高智商的争辩，而我只扮演着记录的角色；我在期末成绩发布后看到写有同桌名字的奖学金名单，而我却在面对挂科的危险；我在深夜里看到室友趴在被窝里为背英文单词亮起的手电筒灯光，而我却捧着手机在和别人聊天。

后来，我从教室的中央坐到了墙壁边，再从墙壁边坐到了最尾排，我开始毫无理由地迟到，我以上厕所为借口早退，我的自尊心在这一次次迁徙中，出现了碎裂的痕迹，我不再出现在绝大多数的课堂中。

后来，我就再也没有第一的成绩，我甚至放弃了这种尝试。

我开始花大量的时间浪费生活，就像我曾经花在学习上的一般多：我花一整个晚上打《植物大战僵尸》的游戏，用的就是小学时写作业时的专注；我花周末的时间看没营养的电视剧，用的就是初中时背诵文言文的坚持；我用很多时间去谈崩一段又一段爱情，用的就是高中时做英文习题册的精力……人一旦堕落竟如水果腐烂，从皮肉侵至果核，一分一秒也不肯停歇，直到心也粘连到腐朽的气息。

我四年生活中稍感喜悦的竟是同窗的一句话"你那么聪明，要是努力学肯定很优秀"，我带着这句话继续优哉游哉地堕落，用"不想要"遮掩着"得不到"的事实。说到底我就是对自己失望了，旁人的优秀令我一蹶不振，不够强大的内心为我找来一个个荒唐的借口，给了我自暴自弃的理直气壮。

直到毕业时去参加大大小小的招聘会，在一场又一场的筛选中，同样穿着西装的我总是成为第一拨被淘汰的人，我的目光扫过身旁的同龄人，我们手中拿着不同内容的简历，说着不同气场的语言，表达着不同境界的思想。

我像一只败北的狼，佝偻的姿态竟如犬一样。

我用了四年的时间重新变得"优秀"。

整整四年，我把打游戏的专注用在打工赚学费的异国生活里，把看电视剧的坚持放进提高英文与生存技能的任务中，把谈恋爱的精力用在读书写字健身提升自我的事情上……

整整四年，像修理一部零件生锈的机器那样，换掉，打磨，维护，这机器竟在最后呈现出从未期待过的功能，虽不能像更高级的机器一样灵活，但它好歹比从前好用许多。

年轻气盛的火焰灭了一些，我才发现原来生命不是一直在与他人比较，真正需要衡量的只是自我的增值。那个"第一"，原来并不是意味着领先于万千个别人之前，而是在望向过去那么多处于不同阶段的"自己"时，确保现在的自己处于"第一"的位置——那才是一个人持续变好的最健康的状态。

我的经历不是一件特殊的事情，在每年的升学和就职中，都有数以万计的年轻人需要经受内心的考验，他们带着"当过第一"的荣耀来到更优秀的人群中间，在全新的环境下经历复杂的心理转变，有些人加足马力，向着榜样更为用功，有些人则一蹶不振，以"我就是不喜欢和别人竞争啊"来逃避不再有实力领先于人的事实。

我见过一些二十岁的年轻人，带着曾有的光环走入心仪的大学校园，却发现自己的优秀在新的领域失去了印迹，有些人开始变得沉默，有些人开始逃避人群（如我一样），有些人开始消极生活，有些人想到了退学，有些人想到了更可怕的事……

明明人生才刚刚开始，却因外界的改变而耽误了自身的潜力，曾经为了"第一"而死磕的情绪，一旦放弃，或许以后再也不会出现了，而人生是一场漫长的旅途，当一个人的内心出现了"别忘了，你当年是第一"的声音，其实它在说的是，"别忘了，你曾经一直在尽全力成为更好的自己"。

在奥克兰的一个街区赶去另一个地方，朋友的车卡在堵车大队中缓慢挪移，我对他讲了大学四年里拒绝成长的事情，又分析了"一蹶不振"的本质原因，朋友感慨："还好你懂得用现在的时间弥补从前，重新成为'第一名'。"

他用另一个故事跟我交换，说起当年自己考进广播学院的时候，全班同学都是各地的顶尖人才，毫无经验的自己被埋没其中。

朋友说："四年时间里，我每天早上六点钟去学校里的核桃林，冲着一棵树练声，六点半中央人民广播电台《新闻与报纸摘要》开始，雷打不动地跟读。那时是三四个学生共用一个播音间，我每天上完课就去那儿练习录音，晚上七点中央电视台《新闻联播》也是一期不落地跟读。为了普通话一级甲等考试，我把变态厚的普通话测试大纲都翻烂了，没有一个我不认识的字。还未等毕业就有数家电台向我伸出橄榄枝。"

我暗暗佩服朋友的坚持，问他："其他同学都这样努力吗？"

他说："只有一小部分这样做，有些同学承受不住自己不再是佼佼者的事实，几乎自暴自弃地度过了大学，直到现在的十年后。"

我问："那些同学现在在哪里？"

朋友说："早已告别专业，忘掉梦想，泯然众人矣。"

车子启动，长龙般的车队快起来，我们终于可以出发去更远的地方。

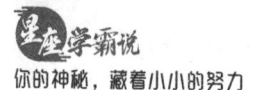

你的神秘，藏着小小的努力

我们大多数人，只能拼"行动力"

文／艾小羊

我朋友圈里的一个女生，活得像电视剧里演的一样。刚认识她的时候，她放弃了上海稳定的工作，在日本的一家料理店里帮忙。加了微信以后，发现她今天在京都，下周又去了北海道，追寻日本美食的脚步。

她想开日料店，因为投资大，放弃了。后来她又去了印度、肯尼亚。我知道她不是白富美，有时候为她揪心，不知道什么时候能上岸。

有一天，她忽然发微信给我，说她来武汉了，在地质大学学习珠宝鉴定。第二年，她开了家微店；第三年，有了南京的实体店，专卖非洲的蜜蜡、玛瑙。我说："你运气太好了，随便就玩出了两家店。"

"我一直在路上找机会啊。"她笑嘻嘻地说。

她是一个标准的宅女。生活单调无聊，工作早早碰到了天花板，想要改变，却真是"晚上想想千万路，白天继续走原路"。

"那段时间真的很懈怠，恋爱都懒得谈。直到有个同学来上海玩，住在我家，看到我的生活状态，严肃地说：'小秋，你躺在家里是不会遇到好运的。'"

从那以后，她逼自己走出去，先是报了日语班，然后找机会，去了日本。开始的几年，基本处在做什么都不行的状态。虽然见了很多世面，但也只是她觉得自己更好了，并没有带来人生的转折，更别提收益了。

直到去肯尼亚的飞机上，遇到了现在的合伙人，她的好运才真正到来。

三年前，我正处于职业瓶颈期，决定开一间咖啡馆。当时我根本不知道咖啡馆能带来什么，只是觉得一来自己喜欢，二来投资不大，三来最不济也能带来一些写作素材。

当时很多人觉得我草率，但我知道自己必须行动。在家里写作十年，有限的阅历已经被掏空，有时候写着写着，就很绝望。

咖啡馆，我开得不算成功。然而通过这件事，我发掘了自己写作之外的潜力——原来我口才不错，主持读书沙龙，从开始的如履薄冰到后来的轻车熟路；原来我还可以做生意，努力提供最好的产品，赚钱是水到渠成的。

走出在家写作的窄门，我的眼界变得开阔，机会越来越多，好运越来越多。

我们的起点都很低，不可能有一个完美的计划，直指成功。我们像小树一样，一圈一圈地画自己的年轮，但只有走出第一步，哪怕失

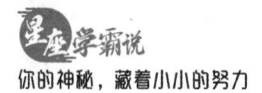

败了，你才知道第二步该如何走。

2017年，团队的小伙伴，一个考了在职研究生，一个在学法语，另外一个跟我去了趟台湾，回来报了摄影培训班，立志下次把我拍得又美又瘦。

"你说我学法语，对工作有用吗？"那个学法语的姑娘曾问我。

"别想了，去学就是。"这是我的答案。

人类的想象力是有限的，世界却是无穷的，你永远不知道自己迈出这一步，会遇到什么，所以我更喜欢那些想做就做的人。

我们绝大多数人的人生，很难上升到拼决策的层面，而只能拼行动力。行动力强的人，遇到的失败也多，所以你常常看到那个躺在家里的人，嘲笑去行动的人，你瞧，失败了吧？

三五年后，躺在家里的人依然躺在家里，而走出去的人，虽然没有抵达他最初想要到的地方，却阴差阳错地遇到了别的机遇，开启了规划外的精彩人生。

你的倔强，梦想港湾里发着光

文／七　月

年少时光里，总有一些让我们心之所向，想拼尽全力去获取的东西。它在黑暗中发光，在风雨中咆哮，或许有时我们会忍不住退缩，却依旧会坚持着努力追寻它——那是青春，更是梦想。

还记得高三第一次的模拟考试便让我备受打击，眼看与理想的学校相差甚远，我决定做出改变。别人学习一个小时，我就学习两个小时；以前每天做两张数学卷子，那现在就加倍多做几张；上课认真听讲，课间时也开始厚着脸皮向一个又一个学霸请教问题。我可能赛不过时间，可我想敌过昨天的自己。尽管成绩还是不尽如人意，可我不曾气馁，我知道这是一场持久战。我安慰自己：天赋是人的上限，努力才是人的下限。没有人会一下子就成功，在这场战役中，我不能输，也没有退路。我将自己的目标"武汉大学"四个字贴在了桌子上最醒目的地方，当一次又一次坚持不下去想要后退的时候，桌子上的四个字就会给我以鼓励。我默默地告诉自己，要坚持，没有天赋，就只能付出时间。

高三生活紧张到似乎装不下一场朋友的交谈或者一次愉快的聚

星座学霸说
你的神秘，藏着小小的努力

餐，每天三点一线的生活只不断上演着同样的戏码：上课、考试、错题本。而那时的我，不曾放过每个可以学习的空余时间，也不曾错过每个可以向老师请教问题的机会。在书海中遨游，跟一道又一道数学题死磕，卷子像是成了宝贝，错题抄在错题本上，隔一天又要拿出来再次复习。"书山有路勤为径，学海无涯苦作舟"道出了学习的艰辛和寂寞，可是在为梦想拼搏的时候，这份辛苦是我们应该心甘情愿接受的。在那些孤单的时光里，没有欢声笑语，更多的是与题目对战。我们的内心无比平静，静静开启与一道道题目的对话，学会了隐忍与耐心，懂得了坚持的可贵，而那些本以为很艰难的时光，我们都咬牙走了过来。

依旧在卷子之间游走，在题海中前行，就这样，我充实地度过每天。日复一日的努力让我内心丰盈，倔强在我心中埋下了种子，梦想依旧如初。

高考前的一个月，我的成绩总算有了喜人的进步，虽然和梦想之间还有距离，但是给了我很大的希望。那颗被称作梦想的种子开始生根、发芽，而我，期待着它的绽放。我始终相信，只要我坚持努力，总会到达梦想彼岸。所以当高考临近，身边同学开始变得浮躁的时候，我依旧按捺住自己的心，整个人像粘在了板凳上，藏在了卷子里。

9月，我带着武汉大学的录取通知书来到了梦寐以求的校园。越努力，越幸运，我开始相信这句话。孤独、寂寞、胆怯都拜倒在我的脚下，只有未来在我眼前闪着明亮的光。

因为这场战役，我从一个脆弱的女孩儿蜕变成了一名内心强大的战士。我那永不退缩的倔强告诉我，你永远不会老去，除非悔恨取代了梦想。

放弃牛津的勇气

文/李 斌

选择到青海三江源,"亲历一线保护工作"时,李雨晗放弃的是来自英国牛津大学、美国哥伦比亚大学和杜克大学的录取通知书。

在北京大学119周年庆典上,作为毕业生代表的她第一次说出自己的这个决定。会后,一位老人走到台前找到她说:"姑娘,你的决定是错的,你将来一定会后悔的。"

罗德奖学金的颁奖词中说,李雨晗属于中国最优秀的一批学生。2017年12月2日,她获得了这个"本科生的诺贝尔奖"。作为山水自然保护中心的研修生,她在青藏高原管理着三江源国家公园内第一个科学研究站。评奖方称她"帮助培训当地家庭进行生物多样性监测,解决人兽冲突,以及开展各种自然保护与社区发展活动"。

到三江源以前,李雨晗曾是北京十一学校的"年度荣誉学生",后来又到北京大学元培学院读政治学、经济学和哲学专业。就在那时,她确定要把动物保护变成终生的事业。"对我来说去三江源要比今年去上学更重要。"李雨晗说,她想看到一件事情具体的样子,不

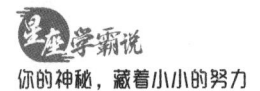

愿意只在想象中学习。

在三江源，她与同事开车翻山越岭去找牧民，入户调查野生动物捕食牲畜的情况，还会处理垃圾。

青海省玉树藏族自治州杂多县盛产虫草，李雨晗问藏族群众："如果有一天虫草消失了，你们怎么办？"听到这个问题，他们往往会一愣，然后笑着说："那我们就继续放牧吧。"

她发现每家每年都会有几头牦牛被雪豹等动物吃掉，"吃了就吃了，他们已经习惯了，牛必定会有一部分被野生动物吃掉。"

藏族群众"非常安详，一点儿也不着急"的生活态度让李雨晗很受触动。早在北京十一学校，这个女孩儿就明白了：自己的人生不需要急吼吼地过——赶快读完书，赶快找份好工作，赶快挣大钱。从漫长的人生来看，晚一两年没有什么。当许多学生按部就班朝着高考走去，她在高二中断了学业，在学校支持下参加国际交换生项目，在美国待了一年，这段经历改变了她对时间的看法。

在三江源，她看到了人与动物、自然的和谐与平衡。这让她意识到自己之前的一些想法是错误的，譬如要把一个地方保护起来，不可以有太多家畜，最好没有人在那里生活。"牧民住在他该住的地方，继续他世世代代放牧的习惯，可能是保护这个地区最好的办法。"李雨晗说，他们似乎天生就有保护动物的基因。

在李雨晗负责的工作中，选谁做监测员负责红外相机的安装和回收，如何确认藏族群众的牛羊是被野生动物吃掉的，该怎么赔偿，挑选哪些家庭接待外来的自然体验者等，都由社区内部协商确定。

"只要是基于社区自身讨论的结果,他们会很有动力去遵守。我们所做的事情,就是鼓励和帮助当地人保护好环境,尊重他们,赋予他们保护家乡的知识和技能。"李雨晗说,以当地人为主体的保护行为才能持久。

在三江源,李雨晗不会有来自大城市的优越感,"我完全不会这样想,我就是来向他们学习的,他们对当地的知识是我不知道的。"

与藏族群众语言不通,李雨晗也会乐呵呵地聊下去。她认为,很多事情你要主动去看才能看得到。在学校时,李雨晗曾负责接待一批获美国总统奖的来访学生,他们告诉她,到一个新的环境,最重要的是要主动和别人说话,否则别人可能会以为你害羞或尊重你而不与你说话。"我发现他们这样做,能交到很多朋友。"

"对文化的多元和新环境的包容与适应,也是十一学校提供给我的。"李雨晗说,在中学有很多机会与不同文化背景的人交往,"你会学到怎样与他们沟通,怎样彼此尊重成为好朋友,怎样把有争议的话题理性地表达出来。"

经常会有牧民拿着一袋牛粪或酸奶送到工作站来。正是在牧民的指引下,李雨晗有一次在一天内见到了7只雪豹,其中有3只是从他们的车前蹿过去的。

11月初,李雨晗在工作站过了一周没有电、没有火炉的"凄惨生活",每天冻得哆哆嗦嗦,只能靠晒太阳取暖。李雨晗还是兴高采烈地去捡牛粪,一激动就发了朋友圈,被杂多县委书记看到了,第二天,乡里就来人带着一车煤到了工作站。

她所在的工作站坐落在一片平坦的草地上,有一个"特别大的落地窗",窗外就是奔流不息的澜沧江。还有一个大大的玻璃顶,晚上躺在下面可以看到璀璨的星空。"卫生间则是广阔的天地,左边的小树林是男厕所,右边的小树林是女厕所。"李雨晗笑呵呵地说,"条件还是挺好的,没有想象中的那么恶劣,无非是不能洗澡,这个克服了就好。"每次野外工作结束,她会坐4个多小时的车,回到玉树市区的工作站,洗个澡。

危险无处不在:一次是出野外,天降大雪,路面结冰,李雨晗一路开得特别小心,害怕冲下悬崖。一次,是回到工作站却没有钥匙,瓢泼大雨,雷电交加,周围一片漆黑没有人烟,在等待同事回来的几个小时里,李雨晗待在车里,"生怕一个雷劈过来"。还有一次是虚惊一场,他们回到工作站,发现玻璃门碎了,以为来了熊,"特别害怕",原来是被牦牛顶坏的。经此一吓,他们把工作站的门窗都加了一层铁皮。

对于李雨晗的玉树之行,父母只是有点儿担心女儿"别一去就上了瘾,待个三五年"。至于其他问题,他们很放心。李雨晗出生在大学教师家庭,从小沐浴自由之风,即便是在小学,父母也会给她自己选择的机会,从来都不会干涉。

喜欢看书和旅游、不看电视剧和动漫的李雨晗敢于暂时放弃留学选择三江源,还得益于学校教育。"把想法转化为行动,是需要一点儿勇气的。"她说,学校给了自己向前闯的勇气,而北大和中学母校很相似:提供了很多可能性。"一次次的经验与活动的积累,会让你明白你的一些想法是可以通过努力变成现实的"。

李雨晗从小喜欢动物,在北大还加入了流浪猫关爱协会,给42只猫找到了家。但直到大四遇到北京大学保护生物学教授、自然保护与社会发展研究中心执行主任吕植和她创立的山水自然保护中心,她才明白,"对动物的这种喜欢,可以成为一项毕生追求的事业"。

从2017年9月开始,罗德学者李雨晗将在牛津大学深造生物多样性、自然保护和管理的硕士学位。但她"在这里待不够,回到玉树市区就不自在,就想出野外"。在一篇文章中,李雨晗写道:"这几个月来我可以渐渐地自己独立爬山,也学会了如何在冰天雪地中捡牦牛粪生火做饭。现在,有人会把我认成藏族姑娘,我想这是一个好的变化,说明我和这片土地越来越熟悉了。"

你们有什么样的目标呢

我们是天蝎座（4）

15:20

天蝎君

很多人说，提早制定目标很重要，但也有人说"人算不如天算"，那么早制定目标没什么用，你们怎么看呢？

 王旌尧

做每件事之前，都想好要达到什么成果，带着目标去做事，每天都很有成就感。

15:32

 王源

其实不需要有特别远大的目标，只要你做好每件事，每天有小目标就好啦。

16:01

 林佳桦

目标是必不可少的东西，不然会觉得不知道自己在干什么。

万能胶

坚持到底是梦想的 Part 4

天蝎君

生活是需要自己改变的,很多事情都是要通过努力去改变结局。我们不是那种听天由命的人,哪怕前方困难重重,我们也想要坚持到底,直到获得成功。

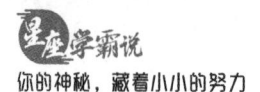
你的神秘，藏着小小的努力

杨紫：坚持，是可以自己选择的能力

文／天蝎君

一个好的角色可以让观众迅速记住一个演员，她是《家有儿女》中乖巧灵动的"小棉袄"小雪，是《战长沙》中泼辣多情的"顾夫人"胡湘湘，是《大秧歌》里深明大义的"巾帼英雄"吴若云，是《青云志》中冷傲痴情的"冰美人"陆雪琪，是《欢乐颂》里耿直蠢萌的"傻白甜"邱莹莹，是《香蜜沉沉烬如霜》里的锦觅……这就是站在高起点上而被寄予厚望的新生代实力派小花——杨紫。

"坚持"这玩意儿是自己给的

作为"童星"，杨紫最大的特点就是没有灰色地带，不是黑就是白，不管干什么事，一定会坚持到底，哪怕"泼辣"也没关系。

《家有儿女》让这个平凡的小女孩一跃成为家喻户晓的"小雪"，其实，刚开始，她完全不符合剧组要求。《家有儿女》剧组在全国展开轰轰烈烈的海选时，杨紫心动了。可是对方要高一的学生，此时杨紫只有11岁，跟角色年龄相差太大，导演根本就没有考虑过杨紫。

在一旁等候面试的杨紫和妈妈哪里知道导演早就把她们隔离在"失望堆"里。她们在试镜片场等了一个中午也没有得到回应。中午,妈妈让杨紫到片场买盒饭吃,对方说要12元,可是由于小贩忙,接过钱竟忘了谁付的,看见杨紫是个小孩,就硬说她给的是2元,10元没有给。这下杨紫急了,当时就跟卖盒饭的小贩争执起来,还让周围的大人评理:"你有什么证据说我没给?你手里那么多10块的,怎么就不是我给的?"

声音越来越大,把妈妈和路过的导演都吸引了。导演为小杨紫泼辣的性格、据理力争的神态暗自鼓掌,认定了这正是他们剧组千方百计要找的人,于是立即喊她过来面试。直到后来到了片场,他们才知道,正是那天的"泼辣",让杨紫有机会演"小雪"。

谁能想到,就是这样"泼辣"的坚持,让杨紫红遍大江南北。

不过就是一股拼劲

都说坚持到底是难能可贵的品质,如此"天蝎"的杨紫也不例外。大概谁也想不到,杨紫曾为了一个群众演员的角色耗费一整天;也曾因发胖、满脸青春痘而自卑;进入青春期以后,杨紫开始发福了,随着青春期的到来,她满脸长青春痘。对我们来说,长痘也没什么,人生照样精彩,但是对杨紫来说却是致命伤,当她去见导演试戏时,得到的都是否定的答案:"你以前多可爱啊,怎么变成这样了?"

如愿考入北京电影学院后,杨紫在大学就开始减肥。减肥是一件长期的、辛苦的事,没有恒心的人是坚持不下去的。在很长一段时间里,她严格控制饮食,每天健身、不吃饭,饿得实在受不了才吃点儿樱桃、喝点儿酸奶。慢慢地,她又恢复了本来青春灵动的样子。

耿直女孩,只需要坚持做自己

2017年,一则关于杨紫公开反驳某自媒体活动现场失真照片、恶意丑化自身形象的消息迅速传遍网络。这起事件不仅引起了人们关于网络暴力的讨论,更是让杨紫"耿直少女"的形象深入人心。杨紫在评论中直言:"你家这么照脸不变形吗?"在遇到类似事件时,很多公众人物都会选择沉默,而杨紫却选择站出来发声,因为在她看来,恶意事件本身带来的不仅仅是对当事人的心灵伤害,更是助长了网络暴力的嚣张气焰。

"不卑不亢",自小父母教育杨紫的处事原则一直深深影响着她。大三时没有影视剧邀约的杨紫也曾经历过一段难挨的日子,曾有一个副导演联系她出演某部影视剧的女二号,态度却十分恶劣。抱着"忍忍就好"的心态,杨紫咬牙坚持着,可谁知不久后,杨紫竟发现此人给她父亲打电话时依然气焰嚣张。激动之下,杨紫一把夺过电话,拒绝了接下来的合作:"我资历尚浅,与我这样讲话可以忍受,但这样羞辱我父亲绝对不行。"

回想起当时的处境,心中不免酸楚,但杨紫却又无比自豪,因为自己终于学会了向不值得的机会说"不"。就在这样不断的打磨中,杨紫褪去了童星的光环，逐渐成为家喻户晓的"戏骨"。而正是因为杨紫不断进步的演技实力和其乐观的心态，所以其今年才能凭借《天乩之白蛇传说》和《香蜜沉沉烬如霜》这两部作品大红大紫。

　　青春从来只为自己喝彩，杨紫也不例外。从荧幕到校园，从台前到幕后，从年少青葱到成熟绽放，年少成名或许靠的是运气，而能在荧幕中演绎生动角色，保持高识别度，坚持一路精品的她，鲜花与掌声背后是不为人知的努力与汗水。这一路取得的点滴成就，都源自她那执着追逐心中梦想的率真灵魂……

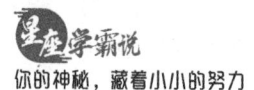
你的神秘，藏着小小的努力

守得云开才能见月明

文/小黄鸡欣蔚

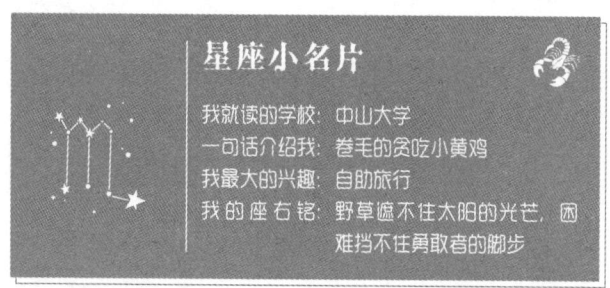

星座小名片
我就读的学校：中山大学
一句话介绍我：卷毛的贪吃小黄鸡
我最大的兴趣：自助旅行
我的座右铭：野草遮不住太阳的光芒，困难挡不住勇敢者的脚步

有人说："如果当年我们多对或者多错几道选择题，那么我们就会在不同的城市，认识不同的人，经历不同的事，过着不同的生活——高考的迷人之处不在于得偿所愿，而是阴差阳错。"

中山大学，从红砖绿瓦的康乐园到令人心生眷恋的大学城，我走过六年大学和研究生长路，在摄影师的镜头前，穿着厚重的毕业袍笑得酣畅淋漓，我多么幸运当初遇见你。

时光的河入海流/终于我们分头走/没有哪个港口/是永远的停留……听着《凤凰花开的路口》，时光影像断章斑驳竟全部出现在我眼前。

坚持，发现未知的会变成喜欢的

高考已经过去很多年了，至今却还能清晰地回忆起那个六月的兵荒马乱。没有期待中梦想高校燕园的好结果，但成绩也没想象中那么糟糕不至于重来一年。

填报志愿的时候思虑良多，在学校与专业之间纠结良久。两者不可兼得，一直怀揣新闻梦想的我希望可以读新闻，恰巧中山大学那一年传播与设计学院新闻传播专业并未在广西招生，虽然我填报了中文系，却被调剂到人类学。

在得知自己被调剂来人类学之前，我对这个专业一无所知，也疑惑不已——"人类学要学些什么""人类学的就业方向是什么"。下定决心，有机会一定要转专业，九月入学发现班里多半同学是调剂而来，心中越发不安。

因为这个专业的"冷门"与未知，还未上大学就面临着诸多来自家庭和社会的不理解与压力，这些都一点点摧毁着我对这个专业的好奇心。

终于迎来大一下学期可以转专业的时刻，之前一直坚定的转专业信念却动摇了，我想可能这个学科可以给我一些不一样的东西，这不到一年的时间我也只学到人类学的皮毛，它最核心的部分我还未接触怎么能轻易就中途放弃呢？虽然那时说不清楚不一样的东西到底是什么，但是当几年后我在其他学校，其他专业进行保研面试时，是人类

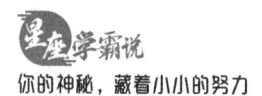

学给我的自信从容与淡定。

人类学的特色在于"田野训练",人类学家通过长时间的、深入的观察,用民族志的方式描述出来。

2013年7月,我成为大三的学生,我们的"田野"小组在古村进行了一个月的调研:全新的教学方式,老师们和我们同吃同住同调研。班里的其他小组有去不同的少数民族村寨的,有去猴岛的。

我们和村民们一起生活,白天我们在村里调研,晚上就在住处写"田野"笔记,大家调研的主题也是五花八门,运用医学人类学的视角,我探究影响村落当地居民健康与疾病的因素,也有研究当地墓葬、风水、宗族、婚姻、教育、村庄政治、宗教的。

那个暑假的"田野"实习大概是人类学学生本科生涯中最生动而难忘的一堂课,当地人希望可以理解他们的世界。进入古村的初始,村民们对陌生人总是很戒备,从古村的导游们带着我们熟悉村落,到我们自己在村落里走动和生活、村民们邀我们进屋坐喝茶,再到几乎村里每个人都知道我们的存在和我们谈天说地,这一点一滴我们都铭记在心,临走时我们和村民们依依惜别,却也忍不住沉思,我们的田野调研是不是打扰到村民们原本的生活呢?

在去这个古村之前,它在我脑海中只是在网上搜到的几个标签:四角楼古建筑群、最美村庄、客家文化等,可是在这里待了一个月之后,我收获的不仅仅是古村落、麦浪、四角楼、鸡犬相闻、满天星辰这些乡村美景以及和小组同学深厚的情谊,更多的是我努力地去倾听他们的故事,挖掘这个社区,去探究关于当地的"地方性知识"。

坚持，让梦想照进现实

当初虽然没有报名转专业考试，但是我心里有这样的想法萌芽：尝试坚持学好本专业拿到学院保研名额的同时，要更多地坚持去了解新闻传播学，争取之后可以跨专业保研。

于是，我开始参加与传媒相关的实践，加入学校的报社做记者与编辑，参加各类征文比赛，也正是因为记者的身份我得以和很多校园牛人接触，国奖哥、实习达人、优秀的志愿者以及创业团队，我一一聆听他们的故事与想法。去《羊城晚报》担任实习记者，参与《羊城晚报》"人文周刊"的专题策划及文字采写，例如"文化大家重估"系列，"新概念作文大赛"等专题，也采访过熊培云、林培源等学者、作家，很多时候甚至是饿着肚子奔波去采访，很多个别人闲散度过的夜晚我都是写稿度过的。

从大二起我便坚持从南校区康乐园去东校区大学城旁听新闻系的辅修课程，每次一个多小时的车程很是折腾，但心里想要了解这个学科的愿望极其迫切。大三下学期，因为暑期需要专业实习"田野训练"的缘故，我只参加了两个保研夏令营并且非常幸运地拿到了上海交大公共管理和自己学校传播学的录取通知书，兜兜转转，我又与新闻传播相遇了，真是守得云开才能见月明。

直到现在，我总是会想起很多当时追梦的场景：参加保研夏令营时，由于上海回广州的飞机延误，我一个人在虹桥机场等了五个小时，凌晨三点才从白云机场回到宿舍，第二天早上七点不到就要跟着团队去村庄里田野里调研，进行专业实习。去东校区听辅修的时候，

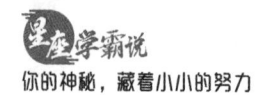
你的神秘，藏着小小的努力

下课时我总会站在公共教学楼的长廊上望着黑夜中星星点点的光，给自己多一点儿的坚持和希望，那时的我并不知道几年后我真的可以实现自己的梦想来到这儿，并不知道我的未来会和这里产生联系。

庆幸的是，本科的我一直在坚持追逐新闻传播梦，却没有忽略人类学和生活本身的乐趣，反而在跨专业保研的过程中把每一种经历都当作一种幸福。因为热爱与坚持，所以愿意用多一点点的辛苦换取多一点点心灵的安足，让梦想照进现实。

坚持，是选择了一种生活方式

也许选择一所大学，便是选择了一座城市，选择了一种生活方式，庆幸最初来到了广州，来到了中大。

广州是一座现代与传统并存的城市。我们常常笑言羊城没有春秋，只有夏冬，年末的广州依旧阳光灿烂，但常常一日之间由夏入冬，冬季寒冷的日子虽说不多，零摄氏度左右那几天却湿冷到刺骨。而广州六月天气说变就变，刚刚还是风和日丽，一会儿就下起倾盆大雨，"温暖湿热"是这里最好的写照。在广州这个美食之都生活，对吃货而言是一种幸运。

中山大学，这个叫作康乐园的地方，有陈寅恪先生的故居和那条专为先生铺设的白色小径，有我很喜欢的图书馆和参天古树，有我可以梦想腾飞的平台。我从一个不谙世事的小姑娘慢慢长大，仿佛也渐渐可以独当一面。

这些年每当我疲惫的时候，看看远方的"小蛮腰"，顿觉充满要坚持下去的力量。

最近，在朋友圈博文推送中看到这么一段话："学习、工作和生活的本质大概就是无数问题的累加和解决，一个问题解决了，又冒出另外一个。危机是永恒的，平静是暂时的。但是不要做生活无奈的奴隶，要自己掌握主动权。"深以为然，也与君共勉，成长从来没有捷径，需要坚持走下去。

只有坚持下去，我们发现未知的会变成喜欢的，会感受到梦想照进现实的美妙，坚持，是选择了一种生活方式，更是笃定一种生活态度。

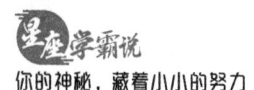

坚持到底，砥砺前行

文/简 简

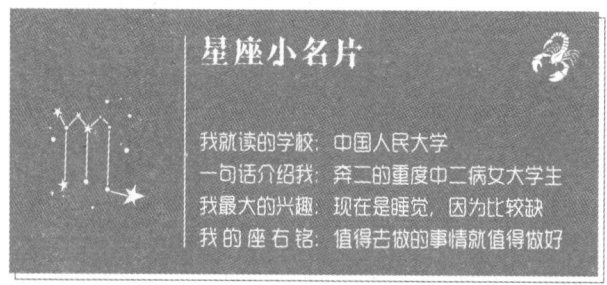

坚持是星空下的泪水

二模成绩出来的那天晚上，星星特别亮。它们一颗一颗零零散散地散落在漆黑的天幕上，隔着遥远的光年传递着模糊的光亮和温度，璀璨得让人想流泪。

而我也的确掉了眼泪，并不是被星光晃了眼睛。百日誓师时震耳欲聋的宣誓声依稀在耳畔萦绕，晚自习后班主任温柔开导时语重心长的模样仿佛仍在眼前。二模排名和试卷分数虽不像青春小说里描写的"鲜红而刺眼"，却扎扎实实地给了我一记响亮的耳光。每次考试基本稳定在年级前列的我，怎么也不会想到在如此迫近高考的紧要时刻，成绩竟突然跌落到班级中下游。

经过翻来覆去、辗转难眠的一夜之后，我无精打采地吃完早饭，回到教室看着窗外发呆。坚持下去的意义和被蒙蒙雾气笼罩的未来的模样，我都看不到，恍惚间又几欲落泪。我掏了掏桌兜想找找纸巾，竟然摸到了一个崭新的本子，封面是深蓝的天幕、璀璨的星辰和依稀的月影，像极了昨晚的星空。我好奇地翻开，只见扉页上写着：We are all at the bottom of a vallry, but some of us are looking at the stars.（我们都曾处在谷底，但总有人一直仰望星空。）熟悉的字迹仿佛带着暖暖的温度和神奇的抚慰力量，我偷偷扭头看向她的位置，女孩正在咬着笔帽，微皱着眉头，思考着眼前的习题。我又偏头看了看窗外，阳光正好，梧桐树叶折射着光线在风中摇晃，像一簇簇亮闪闪的金色钱币。来自朋友的鼓励将我灰暗的心情一扫而光，扉页上的箴言也让我重新明白此刻我要做的。

我想每个高三学子都将《劝学》里"锲而舍之，朽木不折；锲而不舍，金石可镂"的箴言烂熟于心，但能否把坚持到底、持之以恒付诸行动，或许就成了卓越与平庸的一道分水岭。带着这份不会被摧折的坚持到底的决心，我放平心态、调整方法，在日复一日的听讲、做题、改错中积淀起沉稳的自信，那片星空给了我深邃平静的安慰和坚持下去的力量。人生虽然不像大起大落循环交替的正弦函数一般重复着简单又机械的循环，但既然有巅峰，就一定会遇到低谷的时刻。身处低谷的时候，即使步履蹒跚，仍要继续负重前行；即使沾满泥泞，

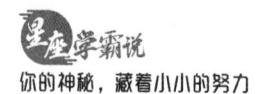
你的神秘，藏着小小的努力

仍要抬头仰望星空。

到人大的第一个晚上，星星也特别亮。而我也再一次掉了眼泪，并不是被星光晃了眼睛。

坚持是迎风奔跑的勇气

世上无难事，只要肯攀登。若不是体育老师谈及往事，没人能想到身材健壮、体格匀称的他曾经是个因为药物激素而过度肥胖的患者。而他减肥的方式，就是跑。运动场上旁人的眼光无法阻止他的脚步，气喘吁吁之时身体的激烈反应也不能让他停止奔跑。红色的橡胶跑道或是干净的校园小路，清晨的熹光或是傍晚的雾霭，空旷的操场或是涌动的人群，无论何时何地、何种环境，系紧鞋带，戴上耳机，从迈出的第一步开始，每一个脚印都是一场新征程的起点。但随着呼吸不再均匀，脚步慢慢沉重、不再轻盈，心跳慢慢加快，汗水也不知不觉地从全身上下不安分地冒出来，原本的享受一点点滑向漫长的煎熬。长跑的确是耐力、毅力和意志力的考验，而坚持则是成功度过这场考验的秘诀。在漫长的跑道上，他就是他自己唯一的竞争者，多坚持一圈就离胜利更近一点儿。就这样，他坚持了五年，甩开了肥胖的困扰，也跑出了健康的体格。

听到体育老师的经历时，我很开心自己与他分享着共同的热爱。我坚持长跑已有一年余。是什么时候想要尝试跑步的呢？大概是从无意间看到了陈意涵的一条微博——"不开心，就跑步，凡事不过八千米"，以及下面照片里少女般明媚灿烂的笑容的那一刻开始的吧。长跑于我而言已经从最初的运动习惯，慢慢变成一种人生态度。这场关乎毅力的考验，带给我的不仅是健康的体魄、愉悦的心情，更是愈加坚定的意志和坚持到底的风格。

村上春树在《当我谈跑步时，我谈些什么》中讲到他对长跑和生活的感悟与热爱。他日日都坚持跑步，从夏威夷的考爱岛到马萨诸塞的剑桥，从日本村上市参加铁人三项赛，到踏上希腊马拉松长跑古道，他，永远在奔跑。"'我不是人，是一架纯粹的机器，所以什么也无须感觉，唯有向前奔跑。'我这样告诫自己，几乎一心一意地想着这几句话，坚持了下来。倘如我认为自己是一个有血有肉的活生生的人，也许会在途中因苦痛而崩溃。我本能地悟出，唯有如此，才是存活下去的唯一出路。"我惊奇地发现原来每个跑步者的内心世界都奇妙又默契地吻合：将坚持不懈的品质镌刻成生活的丰碑，将持之以恒的精髓历练成人生的指针。

坚持是静待花开的美好

起初抱着"到大学就轻松自由了"的不切实际的臆想进入象牙塔之后，我才发现自己幼稚得可笑。来自五湖四海、大江南北的优秀到自带光芒的同学，变得更加精深和专业的各种学科与课程，新鲜又陌生的环境，多彩又繁复的社团活动，这些变化都像未知数XYZ一样等待着我去探索和求解。

一辈子都记得折磨我整整一个学期的程序设计课，我用自己的亲身体验证实了"文科生遇到编程就会自动短路"的论断并不是编造的虚假借口。临近期末的每个晚上，在舍友均匀的呼吸声里，在沉寂的安静和浓重的漆黑中，我一个人盘腿坐在床上，对着屏幕昏暗、发出幽幽亮光的电脑吧嗒吧嗒地敲着键盘，也吧嗒吧嗒地掉着眼泪。屏幕上赫然显示着一大串长长的红色的报错信息，这次确实像青春小说里惯常描述的一般"鲜红而刺眼"了，我知道，再难的路也得一步一步地走，再多的bug（漏洞）也得一个一个地改，再多的代码也得一下一下地敲。没有人能代替我去完成每一项任务，而每一项任务的完成也只能靠我自己，坚强地，偏执地，倔强地，坚持下去。

  同样，我不会忘记在社团承办校园音乐活动，为了联系歌手三四个小时一直不间断地拨电话号码达几百次，也不会忘记承担一项学生工作，不眠不休地帮办公室老师整理各种文件整整一夜。我知道坚持的意义，明白为了达成想要的目标我必须付出时间、耗费精力、倾注心血，也在一次次的经历中印证着坚持到底、永不放弃的价值。

  如果说挫折可以折损信心、消磨耐性，那它也一定不能摧毁一个人最后的倔强与果决。在双手空空、毫无防备的情况下，坚持到底就是我手中紧握的最后一件锋利的武器。

  我特别喜欢戴望舒的《偶成》："如果生命的春天重到/古旧的凝冰都哗哗地解冻/那时我会再看见灿烂的微笑/再听见明朗的呼唤——这些迢遥的梦/这些好东西都决不会消失/因为一切好东西都永远存在/它们只是像冰一样凝结/而有一天会像花一样重开。"

  无论是坚硬的土层还是肆虐的风雨，我都会昂首挺立，等待着凝冰解冻、繁花绽开。

曾经,坚持或许是无计可施之下硬着头皮的选择,但现在,坚持赋予我不惧困难的勇气和决不放弃的信心,让我无论面对欢笑还是眼泪,都能从容应对。从高中到大学,从学习到生活,坚持到底始终是我的标签。

从不祈祷"逆风如解意,容易莫摧残",而是不论面对怎样的境遇,都能昂起头,大步流星地砥砺前行。

常说某些词可能代表你"压力山大"

文／佚名

口头语仅仅是一种语言习惯吗？美国一项心理学研究显示，常说某些词可能代表你"压力山大"。加利福尼亚大学洛杉矶分校和亚利桑那大学的研究人员招募143名志愿者，在两天里共收录了志愿者的22627条语音。研究人员分析了志愿者的发音、虚词使用习惯，并检测比对了他们体内50种压力相关基因的表达，结果发现承受巨大压力时，人讲话变少，同时更爱使用副词和形容词，如"真的""难以置信"，也更爱使用第三人称。

《自然》杂志网站援引研究牵头人之一、亚利桑那大学的马蒂亚斯·梅尔的话报道：人们说话时比较注意名词、动词等实词的选择，而虚词的使用通常会是"自然而然的"，却最可能"泄露"出使用者的一些情况。"对他们（志愿者）来说，这些（虚）词没有意义，但它们阐明了正在发生着什么。"研究人员说，这项研究开创了一种可能比自我评估更好的压力评估方法，也帮助人们了解心理压力如何影响到身体健康。

不同学习类型会产生不同脑电波

文/辛华

美国一个研究团队最新发现，不同的学习类型所产生的脑电波也不一样。

大脑的学习和记忆可以分为明确和模糊两种类型。明确学习是可以准确描述具体内容的学习，如背诵文章或棋类游戏等。模糊学习又称肌肉技巧学习或肌肉记忆，例如学骑车或者玩杂耍，越练越熟，但很难说出具体学了什么。

美国科研团队此次通过分析动物学习过程进一步发现，不同的学习任务可能需要分别或同时应用明确学习和模糊学习，比如弹钢琴就是两种学习类型都有。他们还发现，这些不同的学习类型与不同的脑电波图形相对应。

研究人员表示，发现和分析不同类型的神经信号有望帮助更早诊断出阿尔茨海默病等认知系统疾病，并帮助患者通过改善学习技能或优化训练方法来减轻症状。

坚持，足以和天赋抗衡

文／马徐骏

在这所重点中学里，田径是学校的传统优势项目。每年，很多从体校转来的体育生，在中学生运动会上为学校争光。他们大多是国家一级运动员，但我并不属于此类。我只是一名普通的高中生，且成绩中等偏下，所幸，跑得还算快，因此参加短跑训练，目标是成为国家二级运动员。我的教练外号"林教头"。我觉得自己简直像个正在修行的侠客，一旦大功告成，就可以仗剑出山、名震江湖了。

一天，我拿到了我的第一双训练鞋。从此，一放学，我就出现在操场边，风雨无阻。林教练兼着不同年级的体育课，有时他看到只有我一个人在等着训练，便摆摆手说："今天算了吧。"

但是我每天都去，拒绝几次后，教练也有点儿不好意思，就带着我一个人练，练了几个月。100米短跑，国家二级运动员的标准是11.5秒，我一直没跑进过12秒。

那天，操场上来了个瘦男孩，风一样冲过终点线，教练手里的秒表停在11.68秒。教练大声地对他说："好好练，一年之内就达标了。"男孩眯着小眼睛朝教练龇牙。他就是我的师弟。

0.18秒的差距也许要花半年，甚至更长的时间来突破，这对于我来说任重道远，但对于师弟而言不算什么。

某个下午，我去体育组办公室喝水，在楼梯上听见有人说："你们短跑组训练得很勤啊，但那俩小子比赛都是拿不了名次的。真要说考二级，也就那小瘦猴还有希望，那个小马没天赋。"

我没听下去，悄悄溜下楼，心跳得特别快。

那天，我第一次跑进了12秒。当晚，我发现自己的腿拉伤了。右腿内侧肌肉疼得支撑不了身体重心，第二天上学一瘸一拐的。下午训练前，我吃了止痛药，但成绩跌出13秒外。之后的情况越来越糟，我甚至不能下楼做广播操，训练只能停了。

林教练让我去找吴医生。吴医生是推拿方面的专家，医术非凡，我每周去他那儿推拿三次。

我像一个行走的药罐子，平时腿上都敷着药膏，气味难闻，隔着裤子还是刺鼻。但是，放学后，我仍然跛着腿来到操场边，坚持训练上肢力量，单杠、双杠、哑铃、摆臂等。

一个半月过去了，吴医生告诉我以后不用再来了，我深深地给吴医生鞠了一躬。这一天，师弟已经跑到了11.59秒。

我恢复得很快，不到两个月已回到了11.8秒。教练开始让我同时训练200米短跑，单拼速度和力量我不行，但加上耐力和弯道技术，很快，我就跑到了24秒，离200米23.6秒的国家二级运动员标准非常近了。

可惜比赛机会并没有随之来临。所有认证级别的比赛，都需要师兄们去给学校争荣誉，轮不到我和师弟。就这样继续训练着，我进入了忙碌的高三，作业铺天盖地，但我还是会坚持去训练。

那天，在操场栏杆上压腿的我被告知，市里取消了两个比赛，很难有比赛机会让我和师弟参加了，让我们有个心理准备。

是的，我有心理准备：我会一直训练到毕业那天，不管有没有比赛，能不能成为短跑运动员。

高三上半学期和寒假都过去了，师弟再也没在操场上训练过，而我仍然每天坚持训练。

直到有一天，教练突然把我和师弟叫到跟前，递给我们一人一张参赛证。那是一个国家级的大型体育选拔赛，那次比赛可以认证级别。那是我们俩最好的机会。

之后，师弟开始每天出现在操场上训练，很快，他的百米成绩回到了11.6秒；而我的200米已经可以跑到23.58秒，比国家二级运动员标准还快了0.02秒。

转眼就到了比赛日期。第一天100米，第二天200米。在清晨微寒的春风里，教练带着我和师弟在场外准备区热身。站在场地中央，看着整整一圈8万个座位，我开始紧张，喉咙发干，腿脚发紧。我转过头看师弟，他在微微颤抖，嘴唇已经白了。

上场前，教练嘱咐我们俩："今天多是特级和健将级运动员，如果被甩很远不要在意，尽力就好。同时，逆风跑虽会对成绩有影响，但计时会扣除这个因素的影响，所以不要紧张，正常发挥。"

看着身边肌肉快要撑爆运动服、光着头一脸无畏的专业运动员，我感觉自己好像是放在迫击炮之间的一把小手枪。发令枪响的时候，我起跑慢了，瞬间就被旁边的选手甩出去好几米。风迎面扑来，在我前面竖起一道墙，不结实，却坚固，撞不烂也冲不破，兜着我一点点往后扯。眼前是黑的，我只听见自己喉咙里的嘶吼，哑的。

冲过终点时，其他选手已经在穿衣服了。

这一天，我好不容易等到的机会，被一阵风吹得七零八落。

在回去的车上，我和师弟都低着头。师弟只比我快了0.01秒，也被拦在11.5秒的大关外。教练沉默了一路。

下车前，教练对我们说："明天还有风，比赛的压力可能更大。"师弟抬起头，看看教练。我咬着牙，没有表态。当晚，教练、班主任都来了家里。"三年，够了。你当初跑步只是为了能成为国家二级运动员。如果明天没跑下来，你就白练了。"教练说。爸爸一直低着头，没有说话。

教练离开前，最后一次对我说："明天加油。"

躺在床上，听见客厅里妈妈在数落爸爸："孩子脾气这么倔，还不是像你。"那天晚上，我躲在被窝里彻夜无眠。

第二天一早，我在校门口等教练。当他看见没背书包、手上拿着旧钉鞋的我，长叹了一口气。师弟没出现，但我的两个师兄来了。

第二天，如教练预测的那样，风没有变小。我从教练手里拿过参赛证，转身朝场地走。师兄追过来，说了一句："你小子……"

站在起跑线上的那一刻，我的脑海中一片空白，什么念头都没

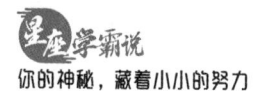

了,没有害怕,没有喜悦,也没有后悔。

发令枪响起,身边好像奔腾着千军万马,跑道被震得晃动。不断有其他选手从我身边超过,最外道的起跑优势距离差在前15米已被追平。跑步的时候,我谁也没看,只有风声中裹挟着号角的鸣音,在耳边响个不停。跑出弯道的那一刻,号角突然不响了,风停了。

教练和师兄在看台上兴奋地大吼,朝我挥拳头。

那个200米,可能是那天唯一风停下来的几十秒,真的被我赶上了,好像是上天送给我的一件礼物。我的最终成绩为23.58秒。只要站在起跑线上,无论结果如何,我都已经没有遗憾了。

其实生活早已告诉我了,我并不是个有短跑天赋的人。不像师弟,他出身田径世家,爷爷是教练的同学,爸爸是教练的弟子,一旦跑起来,两条腿像失控的风车。

看到他跑100米,我才知道,原来漫画人物那种腿快得看起来转成了一圈轮子的跑法,并不是艺术夸张,哪怕是在黑黢黢没有弹性的煤渣跑道上,师弟的腿也真的可以跑成那样。

我所拥有的,是另外一种东西,叫作坚持。坚持,足以和天赋抗衡。

没实现的梦想，大都输给了坚持

文／喵里喵

前段时间报了一个线上的漫画班，刚开始兴致勃勃，按时上课，按时完成作业。结果第四节课交作业时，被老师挑出了一堆毛病：眼睛不对、身体比例错了、头发画得太乱……

我突然生出了一个念头："画得这么不好，肯定是不适合画画，还是别上课了，浪费时间。"接下来的课我一节都没有上，那些时间都被我花在了手机上。

昨天十节课结束后，学员们纷纷在群里发表自己的收获和作品，他们画出的漫画人物让我羡慕，也让我自惭形秽。

每次开始一件事情时总是满心欢喜地奔向目标，可是三分钟热度似乎是我生活的常态。想要实现的梦想有很多，可是因为没有坚持下去，最后都成了泡影。

年初，大家都会买一些精美的手账本，然后信心十足地将健身、写作、画画、早起等一系列计划一笔一画地写在本上，然后等待空格被填上小对钩。

确实有一些人按照计划一步步来，但更多的人是实践几天以后就放弃了。"今天天气太冷，不适合跑步""晚上大家聚餐，不去不合适，课以后再听""昨天睡得太晚，早上实在醒不过来"……到最后，计划本上可能只有前三天打了对钩，剩下的白纸都是讽刺和心酸。

白天不努力，睡前发毒誓，醒来依旧走老路。前一秒为自己的不争气黯然神伤，下一秒在游戏的世界里风生水起。我们总是有太多理由去逃避，殊不知，纸上列出的计划表满满都是你懦弱和无能的证据。

单位有一个90后的同事，从一开始，我们就知道，他的终点不在这里。

自从来到这个单位，他就没有一刻放松过对自己的要求，我们晚上聚在一起聊天的时候，他在办公室学习；我们出去吃饭的时候，他用手机学习；我们在宿舍刷着娱乐八卦时，他用手机APP（手机软件）饶有兴趣地听关于经济方面最新政策的解读。

我们都在调侃他，也都在羡慕他。这段时间里，他不仅两次通过省级业务能手的考试，还代表省里参加了人才选拔赛，优异的成绩让他最终如愿进入了更好的部门。

临走之际，他请我们几个人吃饭，我们都向他讨教经验，他笑笑说："也就是少刷了几条微博，比别人多点儿坚持。有时候想想，用一段时间的辛苦去换取未来更高的发展平台，不是很值得吗？"

我不知道如果大家坚持下去的话，是不是就可以像他一样如愿以偿，但我清楚地知道，只要努力坚持下去，我们都会比现在更好。

王小波说："人一切的痛苦，本质上都是对自己无能的愤怒。"

我相信每个人都有这样的时刻，对自己恨铁不成钢，一遍遍迷茫，一遍遍神伤。既然会愤怒，说明我们对自己不满，既然不满，何不坚持梦想？有人会说，道理我都懂，就是做不到。

很多人会树立很多目标，想画画，想写作，想健身。但说实话，现代社会生活节奏这么快，领导整天追在后边要报表，要资料，很多人精力有限。因此我们应该明确自己的兴趣所在，从一而终。

当你坚持不下去的时候，想想曾经的付出。就像跑800米，刚跑半圈，你可能就会觉得呼吸急促，上不来气，但是你已经跑过了200米，在那200米里，你竭尽全力，如若中途放弃，还是得重新开始。那我们为什么不一鼓作气坚持到最后呢？

还有，不要被外界的眼光干扰。你可能会因为害怕被说不合群，害怕别人调侃，而"被迫"放弃自己的计划。但是过去这段岁月，当你变得更好了以后，别人对你更多的是佩服。

况且，在你为梦想坚持的时候，大家更多没有表现出来的，其实是羡慕和嫉妒。

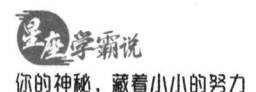

你的神秘，藏着小小的努力

世界上最大的无趣是你太无趣

文／布米米

我的语文成绩一直都不错，高考时也顺理成章地考上了汉语言文学专业，从了文。

高中的梦想就是当作家、出书，给全班同学签名，而大学四年、研究生三年过去，书呢，看了点儿，因为学业需要；文章呢，写了点儿，有几首现代诗发表了。整体来说，少年时的梦想，废了。

大学同学Y就不一样了。他看的书比我多，从大二开始，每天坚持写500字。大三参加征文比赛，一篇动物寓言小说获得了小说组的第二名。大学毕业后，他考入复旦大学王安忆老师的门下，攻读创意写作硕士，研究生期间出版了自己的第一本短篇小说集，现在已然是一个正儿八经的青年小说家了。

同样的起点，同样的喜欢，我眼看着他活成了"别人家的孩子"，而我还是一脸茫然。这些"别人家的孩子"对我来说是一面镜子，照出了自己的懒惰，照出了自己所谓的"喜欢"的不真诚。

没有付出过，就不要轻易谈论喜欢，更别提热爱。大多数人所谓的兴趣和喜欢，只是自我陶醉罢了。

喜欢文学，却不愿意拿起笔来；喜欢音乐，却不愿意翻开乐谱；喜欢游戏，却只是熬夜"吃鸡"……有不少的心理咨询师把这样的喜欢称为"伪兴趣"。

知乎大神采铜在《精进：如何成为一个很厉害的人》中说：我们要对自己的兴趣进行升级，把对一件事的"消费型兴趣"升级为"生产型兴趣"。说得简单一点儿，就是从输入向输出转化：喜欢写作，那就每天写上几百字；喜欢电影，那就看完后写一篇影评；喜欢游戏，除了玩，也思考一下，这个游戏的哪些设计很有意思，如果是我，会在哪些设计上去修改一下……

无论你是想把自己的兴趣发展为事业，还是仅仅把它作为人生的一种调味，我们都可以通过对兴趣的升级，让兴趣增加我们的价值。我们付出努力，但是我们也获得更多的成就和满足。

把无趣变有趣的三种方法

1.枯燥的事物游戏化

初三毕业后，我抱着四大名著必读的心态，翻开了《三国演义》。几百页都是这么啃下来的：这个人是谁，他的武器叫什么来着！这个人之前出现过一次的，到底在哪一页，是什么来头？

当我玩游戏《三国杀》越玩越溜的时候，才明白，什么叫"相见恨晚"。玩了几十局下来，我已经熟知庞统的技能，郭嘉多少岁英年早逝……一边玩一边重新拿起《三国演义》来看，什么青龙偃月刀、丈八蛇矛、贯石斧……这些武器我都能来一个贯口了。

之后，当我再遇到一堆对自己来说太陌生和枯燥的东西，我会先去看看有没有相关游戏，先通过游戏熟悉一下这个新玩意儿。

2.抽象的事物形象化

我一直对博物馆保持着一种敬而远之的尊重，总觉得它们离我实在是太遥远了。

直到央视《如果国宝会说话》这个节目的出现——原来"三星堆铜人像"长得像奥特曼啊！"太阳神鸟金箔"就是我们的扮靓神器——美瞳，哈哈哈！

博物馆的文物形象对我们来说太遥远、太陌生了，就像很多人面对外国人通常都会认不清一样。《如果国宝会说话》这个节目所做的事情，就是让这些陌生的形象跟我们的生活发生联结后，变得更接地气，用我们熟悉的概念，置换陌生的概念。形象化的方法，就是让文字变得有声、有色、有形状，而且是我们生活里熟悉的声、色、形。

3.遥远的事物生活化

很多人一定都还在被李白、杜甫折腾吧！自媒体大V六神磊磊曾经也是如此，直到，他仿佛开了天眼、打通了任督二脉一般，开始用另外一种视角读唐诗后，画风突然就变得亲切了——比如他把李白的诗句"耐可乘流直上天"，翻译为"你咋不上天，和太阳肩并肩"，还配上搞笑的暴漫表情。表情包玩得好的人，惹不起惹不起。

下次再遇到难背的唐诗，不妨异想天开，只要能把诗歌与你的生活建立起联系，诗与远方，就在眼前。

集中注意力的五法

文/梁 妮

你已经是第101次强迫自己收回脱缰的注意力,把它集中在课本上。可是,仅仅过了两三分钟,你的注意力又开始游荡了:英语老师今天穿的裙子款式不错;胃刚才有点儿疼,可能是中午在食堂吃的米饭太硬了;衣服的扣子好像有点儿松了,怕什么时候掉了,晚上回去要记得钉一钉……当你注意到自己的思想又一次不在自己的掌控范围时,你开始抓狂了。你实在不明白,为什么在如此紧张的时刻,你竟然还是控制不了自己的注意力。

我们都知道,苦恼和抱怨是解决不了任何问题的。你真的想把自己的注意力集中起来吗?要是想的话,那就不妨听听我的建议。

先来检测一下你的注意力限度:

一、选择一本你正在复习,并且觉得倍感头痛的书;

二、开始阅读一个章节,不经过任何准备,把你开始阅读的时间记录下来;

三、当你的注意力开始不集中并想一些其他事情的时候,立刻停

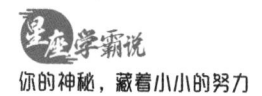

你的神秘，藏着小小的努力

止阅读，把时间记录下来；

四、用同样的一本书，在几天之内重复这一程序四次以上，并把时间记录下来；

五、发现你的注意力限度，找到五次测验的平均时间。

开始时间：

结束时间：

从开始到结束的时间：

问问自己关于注意力限度的几个问题：

一、你的注意力限度是否出乎你的意料？

二、在这些测试中，是否有哪些数字大大高于或低于平均数值？如果是这样的话，你能记得它们是在一天当中的什么时间出现的吗？

三、你是否认为如果你选择另外一本书的话，你的注意力限度会不一样？为什么？

集中注意力的五个方法

一、时间分段法

如果你预计读完一整篇文章需要四个小时，那么，把这四个小时分成你能够掌握的时间段。比如，规定自己在下午读一个小时，晚上读一个小时，余下的时间里再完成另外两个小时的阅读。显然，一个小时的时间段要比四个小时的时间段更好掌握，你的注意力也会更集中。

二、反干扰训练法

年轻时的毛泽东为使自己的注意力变得更集中，于是给自己制订这样一个训练的项目：专门跑到车水马龙的地方去看书和背书。为什么呢？就是为了在外界形形色色的干扰中，训练自己专心致志的能力，从而在任何时候都能做出正确的军事部署。

借鉴这个方法，我们可选择在嘈杂的地方做作业，也可选定一个时间把音乐打开，然后背书。不少同学通过这样的练习，提高了他们的学习效率。总的来说，就是不管环境多么嘈杂，需要专心致志时，我们对周围的环境因素都可以统统忽略不计。这一点，通过训练是可以做到的。

三、多官能协调法

美国许多非常出色的学生都是"五点钟"俱乐部的成员，他们利用清晨这段时间，一边写东西一边大声朗诵。"五点钟"俱乐部倡导多器官、多行为同时协作的学习方法，以此提高他们的学习能力。不管是记忆力还是注意力，他们一致认为这是关系到学习水平提高的因素。只有充分调动起有利于这方面的潜力，他们才能有效提高学习水平。

有研究表明，只靠耳听，能记住知识的20%；单用眼睛看，能记住知识的30%；同时用眼睛和耳朵结合来记忆，能记住知识的50%；若能做到边听边看边说，则可以保证记住知识的70%；做到边看边听边说边动手去做，就能记住知识的90%。这就说明一个很重要的问题：做一件事情，多种器官协同活动，多种刺激叠加到一起，就能使我们的大脑皮层建立起多通道的神经联系。这时，就等于占据了胡思乱想的空间，大大提高了集中注意力的效果。

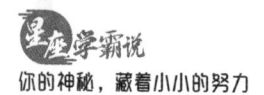
你的神秘，藏着小小的努力

回想一下，在听、说、背、写、读这几种学习方式中，你最容易在哪种方式上分心？或许，你的回答会是"读"，因为在"读"的时候，我们的大脑最轻松，动用的身体器官最少。所以，对付"读"时的精神溜号，你不妨给大脑增加一些"负担"，比如一边阅读一边默写等。

多官能协调法，对于一些背诵活动，效果很明显。每当我们学习外语时，我们往往会出现背着单词就想到天边去的情况。那么，如果一边读、一边听、一边回忆，再一边用笔在稿纸上默写，精神分散的情况就不大容易发生了。

四、目标聚焦法

许多同学都有这样的困惑：我一整天都在复习，但效率低得要命，一会儿想要干这个，一会儿又想要干那个，十多个小时就这么过去了，休息也休息不好，玩也没玩够，没有一点儿成效。

问题的症结在于，你的态度没有做到坚决分明。假如你从坐在椅子上的那刻起，就忠告自己："我要集中一个小时的精力，背诵100个单词，看最后能不能完成这项任务。"如果可以，就自我奖励一下。当需要再次进入学习状态时，你又忠告自己高度集中注意力，在一个小时之内完成一张试卷，如果又能完成，就再奖励自己一下。这叫作张弛有道。善于在一定的时间内把一件事情干完，并且干好，你才能将注意力迁移到学习能力上，从而进行高效率的学习。

五、暗示想象法

心理学伟大的发现之一，就是可以借由自己不断的想象，成为自己理想中的人物。

所谓的"梦想板",使陈安之取得了最大的成功:"我使用这个方法已经有两三年的时间了,每一次我都为自己的目标找一张合适的图片剪下来,贴在梦想板上持续地看,几乎没有不实现的……"潜意识有着惊人的威力。你不妨现在就把目标以图案的形式画下来,每天想象,早晚将之灌输到自己的潜意识里去,从而达到改变自己的目的。

这里要提醒大家的是,千万别在意自己或是他人的不良暗示。有的同学一再对自己说:"我的注意力不集中,所以学不进去。"在很多场合也听到家长呵斥孩子说:"你别东想西想!"不要接受这样的暗示,因为它们对你会产生不良的效果。

信心是暗示的关键。如果你愿意相信,你就必定可以迅速地培养起自己高度集中注意力的能力。希望每位同学对自己进行训练之后,都能够让自己的学习获得一次质的飞跃。

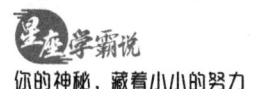

读名牌大学，到底有什么好

文/李柘远

为什么一定要上一所好大学呢？我想聊一点儿自己的拙见。

一、好大学不只教你知识和技能，更教你怎么学知识、长技能

名牌大学和普通大学用的教材很多时候大同小异，因此关键性差异，不在于"学什么"，而在于"怎么学"。同一个知识点，普通学校的学生可能只掌握了皮毛；名牌大学的学生却可能通过教授讲解、小班讨论、文献阅读、论文撰写等多种方法，深刻立体地消化一个知识点。

在耶鲁，我的每篇论文都写得艰苦卓绝。为了理出一篇论文的论点，我经常要干掉几本书，跑上几次图书馆，查过几回期刊数据库，有时还需要和教授面对面交流观点；写的过程更是丝毫不能马虎，文章逻辑、遣词造句等方面都需要"庄严"对待；引用别人的观点和数据时，必须仔细做好注释，写全参考文献，否则就算抄袭，可能会被追责。

有些大四学生甚至会用一整个学期来"憋"一篇毕业论文,当终于得到教授的肯定时,我有两个好友竟然当场喜极而泣。

大二上博弈论这门课。开课时,教授先带我们一起看了《美丽心灵》让我们初步了解了纳什其人、感受到博弈论的美丽。还让学生们试着设计出不同的博弈论情景题,发给班里其他同学去找"纳什平衡"。

这样,一个知识点的学习就能引申出各种学习实践,进一步加深了我们对这个知识点的理解。直到今天,我还对博弈论的种概念记忆犹新,这得归功于当时的深度学习。

经历这么多的"折磨"与历练,有必要吗?作为过来人,坦率地讲,当年熬夜苦读时,我确实有过累得想骂人的时候,但之后获得的成就感,就好像品过好茶后的无限回甘。通过深度学习,知识学得很扎实这点自不用说,更重要的收获是提高了各种能力:阅读力、写作力、分析力等。这些能力综合在一起,就加强了一个人的自学力。而好的自学力除了能使人学习进步,还会使一个人在未来几十年里获益无穷。

二、好大学好在"好教授、好学生、好校友"

好大学,关键的"好"在于"人好"。在人才济济的校园里待四年,你会不知不觉汲取到他们的优点,逐渐变成更好的自己。

耶鲁四年,让我倍感荣幸的一大收获,就是与一群"超级厉害"的人成为师徒、同窗和校友。有才华方面的"厉害":满分学霸、音乐诗人、发明天才。有阅历方面的"厉害"：暑假一路卖艺游遍南美写出一本畅销游记。

我和这些厉害的同学们一起揉着惺忪睡眼去赶清晨的第一堂课，在图书馆啃书到天亮，在星期五晚上开大派对，在周末乘火车去纽约逛博物馆和艺术馆……和这样一群人在一起，我压根不敢偷懒，更不可能颓废。

总之，若想在青春最好的几年里，结识一群高智商、高情商的人，让他们给你带去源源不断的积极影响和改变，你就应该努把力，考上一所好学校。

三、名校=更好的平台，更多的资源，离"成功"更近

每年夏天，华尔街的几大投行都会录取一些实习生。一众世界顶级投行的职员代表在白天忙得焦头烂额之后，再搭两小时火车从纽约风尘仆仆赶到耶鲁，就是为了能吸引更多这里的学生应聘实习岗位。他们青睐"耶鲁"品牌，信任耶鲁学生的能力。与我同届的一位实习生来自美国一所普通大学，他能力出众，踏实肯干，不输给任何一位常春藤大学的实习生。

可是他费了比我多很多的努力才换来实习机会：没有一家投行到他的大学开宣讲会，他只得数次请假飞到纽约参加；几乎没有一位校友在投行工作，他只得在宣讲会上要到大佬的联系方式，数次发邮件毛遂自荐，才争取到一两个珍贵的面试机会；面试时他甚至受到了不公正的待遇——某投行招聘经理竟旁敲侧击说因为他不是来自名校而

拒绝他……

我们无法撼动这个现实,但我们可以绕过它。凭努力考进一所好大学。同样优秀的两个人,那个拥有更好平台和资源的人,往往会有更大胜算不是吗?

长这么大，你坚持最久的事情是什么呢

我们是天蝎座（4）

19:40

天蝎君

说起坚持来，应该没有人能比得上你们吧。

19:45

 杨紫

坚持演戏吧。台上一分钟台下十年功，表演不是简单的比画两下就可以，而是每天要去琢磨研究。

 小黄鸡欣蔚

坚持每周去健身房健身，就算工作再忙也不会放弃，哈哈，已经瘦了两斤。

 简简

文字爱好者，坚持写作500年，以前是强迫，现在是习惯……

20:01

天蝎君

在研究学习的道路上，再走500年。

 天蝎君

勤奋的人遇到的失败也多,所以你常常看到那个躺在家里的人,嘲笑勤奋的人,你瞧,失败了吧?做那么多事有什么用?但是那个每天忙碌着的人,后来实现了梦想,而躺在家里的人,依旧是原来的样子。

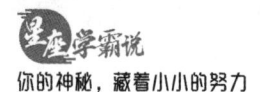
你的神秘，藏着小小的努力

宋佳：勤奋让我更有底气

文／天蝎君

勤奋的多面体

前不久，演员宋佳参加某歌唱节目着实让人眼前一亮，原来她的歌唱得这么好。

可能很多人都不知道，宋佳也曾是个歌手。她从小学习音乐，8岁起跟随月琴演奏家冯少先学习柳琴，高中就读于沈阳音乐学院附属中等音乐学校。高考前夕，凭借出色的柳琴演奏，宋佳提前拿到了沈阳音乐学院的录取通知书，但是后来经专业人士指点，将志愿改为上海戏剧学院，并且凭借优异的成绩如愿以偿地进入表演系。

"音乐一直是我的梦想。"宋佳说过，进入演艺圈后，她也曾发过专辑，她喜欢摇滚，专业音乐人评价她的专辑"很多元"，她笑称："十首歌，十个风格可不是多元吗？"

正是因为对音乐内在品质的追求，所以她在电影《陆垚知马俐》中的演唱清澈简单，得以一鸣惊人，在综艺节目《一年级》的主题曲中,又唱念灵动充满童真。唱功毋庸置疑的她,通过认真和灵动向我们传递了一个不一样的宋佳。

不过宋佳也曾爆料,为了拍摄电影《陆垚知马俐》,导演让她减肥。而敬业的她真的每天无论拍戏到多晚都会去跑步,搭配减肥餐,真的瘦了不少。

不过就是这样一个公认的"女神",却从未想过混"时尚圈",她的目标是做一名好演员。

努力拿到"视后"桂冠

2012年,《甄嬛传》热播,全民都在说"甄嬛体"。同年的上海电视节"白玉兰"奖,孙俪是"视后"的大热门。

但最后,宋佳凭借在《悬崖》里的表演击败了孙俪,拿下了"白玉兰视后"。这在当时,还是引起了不小的轰动。媒体的头条,都是"爆冷""黑马"之类的词语。

但要是看了宋佳在剧中的表演,绝对不会有人质疑她的演技。

在《悬崖》里,有一场戏是宋佳饰演的顾秋妍在发情报时遭遇危险,一个人在漫天冰雪中从山崖滚下来。

顾秋妍冒着严寒,怀着身孕,独自在冰天雪地里奔跑。没有台词,宋佳就用动作和呼吸节奏来表现"冷"。在电视剧里表演出彩,走上大银幕的宋佳,依然让人惊喜。

早在上戏读书时,她的老师李志舆就曾评价她很有戏感。在她身上充满了多重矛盾,时而理智,时而疯狂,但在剧中,你看到更多的却是她极好的控制力,《悬崖》里的顾秋妍,刻意为之的疏离感充满分寸和节奏的力量,这是演技,也是计算出来的结果。"演戏怎么演都行,但最准确的表现只有一种,我希望我的表演再精细一些。"就像她欣赏的很多外国演员一样,"你会觉得他们的反应就像尺子量出来的那样精准"。

勤奋是我的底气

无论在什么场合,宋佳都会给人一种强大的气场,这是一种从内而外的自信。

和一个具有一定知名度的前辈演员同名,换作其他人有可能在出道时改个名字,可是她没有,她一定要大家把她从小宋佳叫回宋佳,让大家在听到宋佳这个名字的时候第一个想到的就是她。

这样的宋佳,可真是演艺圈的一股清流。

在《萧红》里却不知道她是萧红,还是萧红是她。一部电影让她演出了一辈子的感觉。宋佳说,遇见萧红是她最大的幸运。一部电影她拿到了三个影后。在观众的印象里,她是《中国往事》中追求自由的传统女性郑玉楠,她是《赤壁》中为爱牺牲的骊姬,她是《师父》中妩媚坚决的师娘赵国卉,她是《少帅》中隐忍寡言的于凤至,那是她,但不全部是她。

她是幸运的,但她也是努力的。

《四十九日·祭》中她将玉墨的柔情与刚毅演绎得淋漓尽致,她可以为了造型在泥汤里打滚"化妆",毫无形象可言。她说:"这只是我的分内工作而已。"

我们看到了她的成功，也看到了她的努力。

她说过："演戏不是追求速度，而是追求长度、宽度和厚度，如果为了赚钱而疯狂拍戏那就太痛苦了。"

用她助理的话概括就是，"一年365天，她有360天扎在剧组里"。宋佳说："我是演员，一直在用演员的标准衡量自己。"

宋佳活得很清醒，她知道自己有一面是属于公众的，她就把那一面给大家看，她说除了自己的作品外，不想得到其他的关注。"我希望受关注的是我的表演，我的角色，我不负责娱乐。"在自我消费过度的娱乐圈，她始终明白自己是一个演员而不是明星。

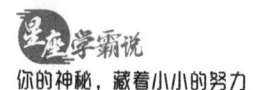

你的神秘，藏着小小的努力

书山有路勤为径

文/薰衣草

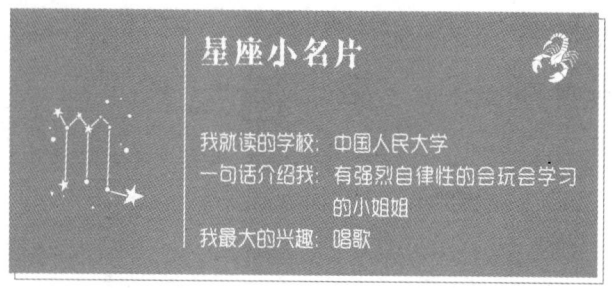

星座小名片

我就读的学校：中国人民大学
一句话介绍我：有强烈自律性的会玩会学习的小姐姐
我最大的兴趣：唱歌

　　从上学开始，我好像一直是爸妈同事、亲戚们口中的"别人家的孩子"。很多人对我说："你怎么这么聪明呀！"通常我只是笑一笑，我不喜欢别人夸我聪明，在我看来，聪明就像一件光华漂亮的外衣，它会掩盖深藏在这件漂亮外衣下的每一次坚持、每一个执着。每一个开着台灯的夜晚里我都会想：在那些不知真诚与否的夸赞之中，有多少人知道在他们熟睡的时候，还有很多很多人借着一盏暖黄色的灯光，温暖着僵直的手，支持着忍不住打架的眼皮。

　　这场景是我初二时每个夜晚的记忆。那个时候的我，自尊心很强。从边缘小县城考入大城市私立学校，相比小学时期一直站立在云端，我第一次感觉到了竞争的压力，而英语则成了当时最大的短板。因为我的物理成绩非常优异，所以被选入物理竞赛培训班，每天的晚自习时间都需要去上培训课。普通同学需要三节晚自习的时间完成的作业，我只能留到熄灯以后写。最难过的是宿舍准时熄灯，为了躲避宿管老师的巡视，我只好躲进卫生间，把板凳当作桌子，自己就坐在瓷砖台或者地板上，开一盏台灯，就为了第二天也要和其他人一样按时交上作业。

从初二上学期的期末考试开始，我的英语开始在班级领跑，班级排名稳居第一，年级排名稳居前五十名，甚至在期末考试考到了第五名。夏令营以后我结束了物理竞赛，拿了省级二等奖以后开始全力冲刺中考。

我的好朋友小C，是我很佩服的一个人。其实她的成绩在班级来说并不算好。只是那时她突然非常执着地一定要考重点高中。每天早晨我们两个很早就离开宿舍，到了食堂的时候牛奶还没有烫好。很多时候我们拿着鸡蛋和牛奶就去了操场。那时候恰好遇到体育测试，是在总分里占一定比重的。天还蒙蒙亮的时候，我们就在跑道了。清冷的晨雾里，还透着远处教学楼里的灯光。太阳一点点出来的时候，我们就会很开心，好像整个人焕然一新了。早自习开始之前，我们会约好一起做一篇完型或者阅读。晚饭过后我们会去校园偷偷摘一朵栀子花，把花骨朵养在杯子里，第二天纯白的花瓣就会展开在水面上漂浮着。

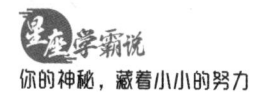

你的神秘，藏着小小的努力

在每个人生的关键时刻，人和人之间的关系会变得更加紧密，你们约好了要继续在同一所学校学习，于是矢志不移地努力着，也相信着，并互相依靠着。

日子从冬天变为春天，到了夏天，我们就该去考场了。

中考的时候天气很热，考试的两天时间过得很快，几乎让人来不及反应和矫情。暑假里，成绩出来了。我的数学、语文发挥得很不好，但是物理化学拿了满分，总体成绩还是很满意。但是她的成绩却不尽如人意。我清楚地记得那天她跟我说："虽然最终我还是没能靠自己的能力考上，但是此刻我心里不追悔，不遗憾，并感激过去几个月的自己，否则，我应该会哭。"然而我知道她一定哭了。

可是如果再选择一次，大概她只会选择更努力一点儿而不是放弃。在充满希望的时候不懈努力，在失落之后仍不后悔。如果说我是一个习惯了带着光环不曾面临过失落的人，那么从小C身上我看到在面临差强人意的结局时所应该有的心态，而这种感悟终于在我后来的人生中发挥了极大的作用。后来呢？她交了一些钱款如愿进入了那所重点高中，只是这数目，因为她的努力少了许多，这大概也不算没有回报吧。而我去了北京继续我的求学之路。我们不在同一所高中继续学习了，但我们仍旧感激那时的彼此，因为我们都得到了满意的、令人感恩的结局。

去到更大的城市学习，所谓山外有山，所言不假。于是肩上的压力与竞争也更大了些。有很长一段时间，我感到有些吃力，也再没有闲心养一朵花。

慢慢地，我开始接受身边非常优秀的同学，开始接受我自己不再遥遥领先的事实。那我只能选择踏踏实实地做好自己的事情，用尽自己最大的力气去做对的事：向数学优秀的同桌请教，而他们都会非常耐心地哪怕给你讲三遍，也在这样的过程中结下了很好的友谊；互相推荐喜欢的书籍和文章；那个时候我开始阅读了许多名著，也逐渐开始抛弃了初中作文的虚假与矫情，开始在作文里写进很多自己真实的感受，因而作文分数节节攀高。所谓作文，不论是议论或记叙，都要有"我的意识"。只有真正灌注了感情和心血的文字，才能打动阅读的人，这是我在高中阶段所领悟到的。而我擅长写记叙文，因而平日里很感性，喜观察。很多的写作素材，都来源于生活，脱胎于阅读。那时候我很喜欢史铁生的散文，喜欢他笔下的地坛，更佩服他本人。后来我开始阅读萧红，读《简·爱》《呼啸山庄》等。大部头的小说放在寒暑假阅读，平日里就抽空读散文，多积累。到了高三，阅读的时间骤减，我更多地把自己埋进了不断的理科刷题中。做题是必要的，整理题却是更重要的，同类题的归总和变化题的辨析都需要一一整理。高三的时光很辛苦，伴着最早的晨光和最晚的星辰。

那个时候我常常羡慕那些看起来学得很轻松的同学。一模我考得很差，颓废了很久，但是夏日聒噪的蝉声，又常常把我带进对未来的无尽憧憬之中。二模我进步非常大，甚至考到了高三最好名次。我还记得那天晚自习下课以后，班上一个同学小S来到我课桌前，他很忧心地问我："能不能告诉我你是怎么学的？因为我看你一模考得也不怎么好，这次进步好多。"那一刻我有点儿蒙，他的所有努力我都看在眼里。在这最后的关头,拼的不就是坚持和心态吗？我说："做你认为对的事,不要放弃。放松心态要相信自己。我其实也不知道是否一定能付清,但我要一直坚持。"

此刻,离我高考结束也已经过去了两年。在大学的校园里,我常常怀念那些过去的时光里所遇到的所有老师与同学。小C从小就学画画,高中走了美术生的路,参加了艺考,梦想是做一位婚纱设计师。她现在在厦门的一个服装学院,计划硕士去国外学习,将来想创建自己的婚纱品牌。小S考上了北航,在课余,他最喜欢摄影,也因为这个爱好,成为一个半专业的摄影师,拍出了很多好看的照片。还有好多好多我想说起的人,对于每一个人来说,现在的生活其实都是最好的结局。无论得到什么样的结果,以积极的态度和向上的永不止息的热情做自己认为对的事情,就是最正确的选择,而"勤奋"不仅仅是对于学习,更应该对于生活。对于生活的"勤奋",将成为最大的财富。

书山有路勤为径？不错。但此径不是"捷径",而是必经之径。无论是初中时候,处在领先位置却想要做到最好；还是高中时候,深知吃力却选择拼力追赶。在漫漫学习之路上不知上限、不断奋发的坚持成为我最大的收获。当我逐步走出校园之时,面对人生诸多成功与失败,也永不丢失自己的坚持。人们常说学无止境,唯愿在人生这座大山面前,也永远保持着"勤奋之心"。

勤奋自定义
——总有努力无须人知

文／郑光纯

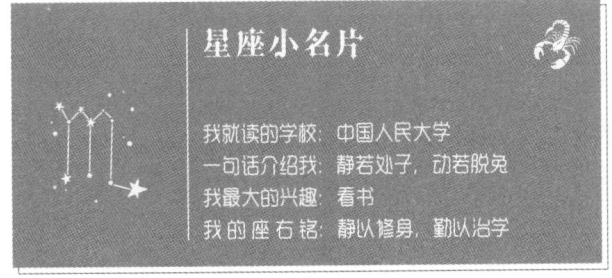

但凡经历过小学到高中数年"学海挣扎"的人，大多对"勤奋"二字深有体会。大发明家爱迪生一句经典名言，"天才等于1%的灵感加99%的汗水"，更是让无数学子深深体会到了"别人家的孩子"是一种怎样的存在：

"你看对门王婶家儿子，每天学到半夜十二点才关灯呢！"

"别的小朋友都上课外补习班，你不上也得多买几本题集做做吧？"

一直以来都无法做到"别人家的孩子"那样拼命学习，我总是十分好奇怎么有人能撑得住整天扎在学习中不出来，还365天天天如此。进入高中之后，学业骤然繁忙，为了不落人后想尽各种办法，站在三年时光的尽头恍然回望……惊觉自己不知不觉也成为了"别人家的孩子"。

No.1 勤奋=一本书

我喜欢看闲书，从名著小说到逸事闲谈，总之与课本无关的书对我而言都十分有趣。上百页的长篇巨著等闲不敢拿出来看，生怕起了个头就停不下来。于是课间最喜欢掏出新一期的《青年文摘》或者《意林》《读者》，看看新鲜出炉的牛人事迹、经典言论，美其名曰"积累作文素材"。一期不落地看下来，最深的体会还是《青年文摘》的笑话最好笑……喀喀，不不不，最深的感受应该是积累素材是当初安慰自己的借口，没想到写作文的时候还真用上了不少。

时至今日，倒还是非常感谢当年的自己，看书这样闲适的休憩不仅给下一节课带来充沛的精力，也不至于玩得太野。跟进时事热点让人觉得三年近乎封闭的学习没有让自己被时代抛弃，对各领域知识的来者不拒也拓宽了一个普通学生的眼界。高中时候每天花一两个小时看闲书其实是奢侈的事，不过读书大多数时候总是一件好事。

读大学之后，一次高中同学聚会上他们闲聊说"哎呀，×××高中的时候特别用功，课间我们都在玩，就她一个人坐在那儿看书，怪不得考上这么好的大学"云云。我哭笑不得，只得高深莫测地点点头：是的，我就是这么沉迷学习。

No.2 勤奋=一张纸

跟别人聊起各个科目，我总是会毫不犹豫地说：最讨厌政治，因为要背的太多了，还东一个点西一个点，不能像数学那样轻易找到逻辑。然而考试还是要考，唯一的出路就是——生背。

除开杂七杂八的小知识点，最难背的是那些上百字的简答题。"A是B的前提，B是A的最终目的……"高中时候我们学校要求每天脖子上挂着印有照片和姓名学号的胸卡，不少同学嫌证件照拍得太丢人，偷偷塞一张明星贴到卡套里挡脸。我灵机一动，买了彩色的小张卡纸，每张上面抄一题政治问答，天天挂一张在脖子上，排队打饭的时候看两眼，等车的时候看两眼……记住一题就换张纸，如此下来竟也行之有效。考前大批同学陷入课间抓住分分秒秒拼命背书的状态，还有不少人哀号晚上回去也熬夜背书，场面壮观，教室难得一度有了热火朝天的学习氛围。而机智如我，依旧在课间翻开一本杂志，对一朝背完半学期内容的仁兄甘拜下风。

大学里下了某款手机背单词App，准备效仿高中的这种做法利用碎片时间背单词，无奈打开手机总要先刷两遍微博，再逛一圈朋友圈，背单词之事不了了之。不由深切感叹，我等凡人，还是更适合原始纸张的学习方式。

No.3 勤奋=一段路

高三的时候，为了最后的冲刺，学校推出了一个神奇的新政策——晚自习本来是十点下自习，不过教室将开放到十点四十五，学生可以自主申请留下来。开玩笑,既然是自主申请,还有谁会留到这么晚吗?

还真有。比如我。

十点以后的教室难得安静,正常自习的时候就算没有老师来补两句课上没讲完的内容,也会有同学小声叽叽喳喳地讨论。这个时间段也没有规定科目的安排,翻出之前苦苦思索不出的数学难题,或者整理一下近一段考试中的错题,或是写一篇随笔纯当练练手记录心情,都是非常愉快的选择。

闺蜜被我说动跟我一起留下来,我们住得近,晚上结束之后就结伴回家。近十一点的学校几乎听不到人声,夜风在楼宇间穿行,掠过树木沙沙低吟。能遇到一个同你一起努力的知己是一件很难得的事,有人跟你一起挥洒汗水总是能让辛苦的时光变得有趣很多。做完一套数学卷子之后吐槽一下奇怪的设定,继而讨论到数学在终身教育中的意义,再到名家学习的经历,海阔天空无所不包。

皓月当空的晚上就很适合聊人生理想,聊一聊期待的大学和期待的未来,说要仗剑骑马闯荡江湖;若是月光暗淡,那就一起哼歌壮胆,唱"一肩担路坎坷,我不说,又何须旁人来嚼口舌"。

科比见过凌晨四点的洛杉矶,我亦见过夜晚十一点安静的林荫路。这段路见证了上百个刻苦的夜晚,也见证了两个站在人生路口的女孩如何找到努力的意义——勤奋是你一朝功成的必要修炼,而非论证自己成功的理由。

人总是很奇怪，最用功的时候觉得不过尔尔，反而很多人到大学时间相对宽松之后总言今日又用功了多久。但勤奋永远不是挂在嘴边我要干什么，也不是普遍理解的刷题从早刷到晚，更多的时候，它是表面的风轻云淡，是平静海面下的汹涌奔流。万千气象，不言而已。

星座学霸说

你的神秘，藏着小小的努力

看纸质书更有利于学习

文／赵乾铮

一项研究报告显示，如果学生要学习的内容超过一页纸，那么使用纸质教科书更有利于学生理解要学习的内容。学生自己往往认为看电子书更有利于学习，实测结果也显示阅读电子书的速度要快于纸质书。但从学习效果看，学生对电子书内容理解的深入性和全面性不如纸质书。研究人员认为，这是因为在屏幕上看较长内容必须不时滚动屏幕，这就影响了学生的注意力。

研究人员认为，阅读的目的很重要，有的阅读需要全面把握所看的内容，而有的阅读则是为了快速了解基本情况。他们指出，纸质书有文化意义，纸质书自身的质感和带给读者的亲切触感是电子书所无法取代的。从这个层面来说，无论今后科技如何发达，纸质书也始终有其存在的意义。

爱吃蓝莓的孩子反应更快

文/李悦康

一项最新研究认为,吃蓝莓或对提高孩子注意力有立竿见影的效果。

英国雷丁大学的研究人员让21名7~10岁的小学生接受认知能力测试,测试前让他们中的一部分人喝下野生蓝莓汁,让另一部分服用无实际药效的安慰剂。研究要求儿童看着电脑屏幕上一系列方向各异的箭头,按下与电脑对应的按键,并多次重复该任务。结果显示,在选择正确的前提下,喝蓝莓汁的孩子选择速度整体上比喝安慰剂的孩子快9%,并且测试难度越大,这种差异越明显。野生蓝莓含有的类黄酮有抗氧化和抗炎症作用,能增加神经细胞间的沟通,促进大脑细胞再生。雷丁大学的新研究证实,蓝莓还有助于提高认知。

研究作者、雷丁大学神经学教授克莱尔·威廉姆斯说:"这是我们第一次看到类黄酮可以给儿童的注意力和执行能力带来积极影响。"不仅是蓝莓,一些水果、蔬菜、茶、咖啡以及黑巧克力等,都含有类黄酮。

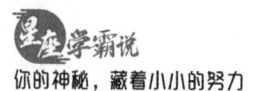

我每天都做一件治疗拖延症的事

文/杨熹文

我在面对自己的拖延症之前,其实已经被它害惨了好多次。

读书的时候,作业非要拖到最后一刻才写;赶火车,总是在最后5分钟上车;和朋友聚会,总是在最后一秒赶到;家务,总是攒到一堆才肯动手;每收到截止日期模糊的工作任务,就会无限制地拖延下去……

这种个性简直把我坑惨了,多年来,我没法把生活过得平静。别的姑娘是窈窕的、贤淑的、文静的,而我像马达、像哪吒、像乱了套的毛线,过成了加菲猫的名言——能够拖到明天做的事情,今天绝对不要去做!

我那以火暴脾气出名的母亲,把我的拖延症视为母女战争的导火索。这么些年来,我已经无法计算清楚自己的"着什么急呀"换来了多少顿胖揍,但我脑袋中一直记得这样的画面,我的母亲撸起袖子,一双眼睛吊起来,嘴巴恨恨地吐着字,然后拿着鸡毛掸子……

天知道长大后的我有多羡慕雷厉风行的角色,尤其是那些刚在火车上坐稳,车就开动的时刻。无数次我拖着巨大的箱子一路狂奔,头发湿得粘住了半张脸,在已落座乘客的目光中狼狈地奔去自己的车厢，我狠狠地发誓，"下次一定要提前1个小时到！"但是下一次的我，神不知鬼不觉地，还是会在火车开动前5分钟，手提硕大的箱子，孤独地奔走在寻找车厢的路上。

赶火车是件小事，如果错过了，再坐下一趟也未尝不可。但如果拖延的习惯延伸到生活的方方面面，你就会失去很大一部分幸福感。我发现我身边有很多拖延的人，我们都觉得自己总是缺少时间，总是疲于奔命，总是比别人累太多。拖延症就像是麦粒肿一样的小病，虽不致命，但让你时刻疼痒。

拖延症对生活的摧毁作用到底有多严重呢？

我听过各式各样的倾诉，"信用卡拖欠了半年还没还呢""老板上个月交代下来的工作任务我现在还没着手""我的论文下周就要交了可我现在还没碰一笔""那堆衣服攒了两周都没洗"……相信以上情况，你也遇到过一二。

前不久看了一个节目，再一次验证了治愈拖延症是件多么重要的事情。主持人采访了一个拖延症女人，跟踪了她的一部分生活。镜头下，她的生活是这样的：已经一年时间没打开冰箱冷冻层，明知道里面的肉已经变质，还是不肯清理；好不容易兑换的积分，没来得及用，就过期了；在家里占了几年位置，确保可以轻松卖出去的家具，一直没有把出售信息放到网上去；车一直开到没油了……心理专家帮助她解决了全部问题，并且算了一笔账，拖延症的代价很昂贵，浪费金钱，更浪费精力。

这些事情，再一次让我反省自己的态度。生活是习惯的结果，我

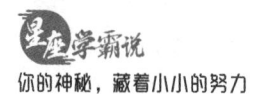

的习惯正在决定我的生活。

我读了几本有关治疗拖延症的书,也试过网络帖子上写着的大大小小的方法:从最难的事情开始做,工作的时候不刷手机……但是,收获都微乎其微。一旦你已经为自己的生活设定某种模式,就很难再改变。

偶然读到英国小说家毛姆的话,启发了我。他说,"为了使灵魂宁静,一个人每天要做两件他不喜欢的事"。为了治疗拖延症,我把自己每天的任务设置为:今天我要完成一件我必须去做但特别不想去做的事。事实证明,这是我在治疗拖延症的过程中,尝试过的最有效的方法。

每天早上醒来后,我就会马上搜寻一件我今天必须去做、不能拖延的事情,通常是去给一张账单缴费,或者去见一直推托约会的朋友,或者写一篇马上到截稿日期的文章,再或者把冰箱中放了很久的食物扔出去……我发现,一旦用"处理拖延事件"开始新的一天,那么接下来的时间,内心便会轻松很多。而当我做完一件拖延事情后,往往会自然而然地去处理下一件,因为我发现大多数事情如果开始做起来,其实并不是毫无头绪的。

不知道这其中有着怎样的原理,我的朋友Glenn曾在治疗抑郁的时候用了一样的方法,每当他觉得生活无望、什么都不想做的时候,就会出门给车加满油。只需完成这件事,就会让他燃起去做其他事情的欲望。

大概近3个月,我的拖延症状日渐好转,虽然我还没有完全摆脱它,但已经可以控制一些珠子不再掉到地上了。

我比以往任何时候都确定,我的习惯正在决定着我的生活。

青春时候别偷人生的懒

文/权 蓉

和我一起学画画的小孟特别自律，不像我，练会儿线条明暗，兑个水彩自己涂涂抹抹些意识流的东西，一节课就过去了。他很认真地一直画线条，很多堂课，唰唰唰，横竖撇捺，长线短线波纹线，没半点儿水分。

有时看我实在懒散得不过眼，画室的姐姐就拿着他画的那一张张线稿说，你认真点儿，看看小孟这认真劲儿。她说了两次，小孟咧嘴一笑帮我解围，说我是陶冶情操，我俩的目的不一样。

闹得我顿时成了个大红脸，我倒不是陶冶情操，而是小时候没有好好学，现在又想捡起来，所以来回炉。小孟是工作需要，他从事和建筑设计相关的工作，有需要画图沟通的地方，而他完全是门外汉，就报了个打底子的学画班。

聊起来，小孟说，其实大学里他们制图的时候，就有人在学素描和手绘，而他那时没有当回事，毕业工作了才发现，自己掌握了工具，却没有打好基础。同事们说着，拿笔顺手一勾勒，要表达的就出

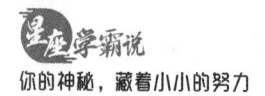

来了,而自己抓耳挠腮,踩不上节点。

这种紧急的自我需要,让我和小孟一比就快慢立现,两轮课程结束后,小孟晋级了下一课程。他说,没办法,原来偷的懒,现在开始还。

这说法不是我第一次听,好几年前,一个哥哥就说过。

当时他正在暗无天日地学英语,而且啃的全是专业类的东西。他说,十年前老师说以后要自己主动学英语,他觉得老师疯了,没想到现在还真有这一天。

哥哥高中读了一半就辍学了,谁劝都不愿意读。开始做小工,后来自己做生意,结果一番倒腾,做了电子外贸,出乎意料,他竟然做得意外顺畅。这个时候,发现自己知识储备跟不上了,他便开始恶补。他自嘲,年轻时候偷懒,现在就得勤勤恳恳地往回还。

蔡康永说:15岁觉得游泳难,放弃游泳,到18岁遇到一个你喜欢的人约你去游泳,你只好说"我不会";18岁觉得英文难,放弃英文,28岁出现一个很棒但要会英文的工作机会,你只好说"我不会"。人生前期越嫌麻烦,越懒得学,后来就越可能错过让你动心的人和事,错过新风景。

有些懒,人生后来还可以还,而有些,就还不了了。所以,抓住此时此刻,别偷懒。

"超能学神"是这样炼成的

文/张东亮

自律上进成就"美女学霸"

1990年出生的刘明侦,是个长相甜美的重庆女孩。从小学到初中,她的成绩在班里排中上等,并非"顶尖高手"。曾有人劝刘明侦的妈妈:"让你女儿利用假期报补习班,来个'弯道超车'啊!"刘妈妈说不用,孩子虽然要以学业为重,但也要有她自己的生活,不能让孩子感觉喘不过气来。

父母从没有逼着刘明侦去学她不喜欢的东西,也没给她报过课外补习班。相对于考试分数,他们更注重从小培养女儿的学习方法和习惯。"我上小学时,爸妈每晚8点准时关掉电视机,或拿起一本书看,或加班写点儿东西。我从小耳濡目染,写完作业后,也喜欢跟着他们一起阅读和学习。"刘明侦说。此外,受父亲的影响,刘明侦不仅做事专注,而且有很强的计划性和执行力。上初中后,刘明侦每周都为自己制订一个学习计划表。哪一门学得不够好,她本周就会多下功夫,以防自己越跑越偏科;每周阅读多少课外书,也都在她的计划表内。刘明侦的减压方法，就是严格按照计划行事——做一项勾掉一项。一周结束，看着计划表上打满了钩，她内心就会有满满的充实感。

在重庆一中读书时，刘明侦也不是班里最优秀的，但她喜欢提问题、钻研难题。刘明侦高一、高二在普通班，直到高三转入国际班后，她似乎才找到自己的人生目标。17岁那年，她在英语书扉页上一笔一画地写下：努力奋斗上剑桥！同桌看到后不以为意，对刘明侦说："你这不是理想，简直是一个遥不可及的梦想嘛。"确实，对于还在一所国内普通高中读书的她而言，想考入这所世界一流名校难度太大。但谁能想到，在短短几年后，刘明侦就取得了剑桥大学硕士学位。"所以说，如果连想都不敢想，那梦就更不会实现了。"刘明侦后来感慨道。

自从燃起了"剑桥梦"，高三少女刘明侦开始全力以赴。遇到理解不透的题，她会在课间休息时一次次请教老师；放学后，她总会拉着外教海阔天空地聊上一阵儿。

在复习方法上，刘明侦整理出了"错题集""核心知识点"等笔记，侧重去攻克。高中毕业时，她的成绩突飞猛进，为此获评"进步最大学生"，并获得维珍航空特别奖——一张从上海至伦敦的往返机票。此时的她羽毛球也打得好，会拉小提琴，而绝非傻读书。

得益于那个机票奖，刘明侦首次来到英国。她走进了有着800年建校史的剑桥大学，感受到了别样的异国风情，以及剑桥"提倡厚积而薄发，反对急功近利"的教育理念。

2008年9月，18岁的刘明侦虽然没有被剑桥录取，却考上了英国另一所名校布里斯托大学，读电子电气工程专业。

初到英国留学，刘明侦要自行料理衣食住行等生活琐事；初次面对复杂的实验课程，她也有过心有余而力不足的吃力感；文化差异与陌生所衍生出的孤独感，也时常涌上她的心头。"不过，一旦你克服重重困难，就会有柳暗花明的奇妙感觉了。"刘明侦说。

刘明侦还特别提到了与国外老师的相处方式："在英国，老师很重视学生有独立思考的能力和自主学习能力。在学术上与老师加强交流和沟通，才会更有效地提高自己，因为科研是要通过互相交流才能产生火花的。"

离开牛津回国效力

大一时，刘明侦就获得Top（最高的）奖学金。2011年7月，她以全系第一名的成绩毕业，随后进入剑桥大学工程学院读硕士。一朝圆梦，她默默为自己喝彩："加油！"

厚积薄发的刘明侦仅用一年时间，就获得了剑桥大学荣誉硕士学位。2012年9月，22岁的她又进入英国牛津大学，在光电光伏研究中心攻读博士。而大多数人在这个年龄刚刚大学毕业。

这就是学霸和普通学生的差别，刘明侦一直和时间赛跑，她的时间是用来高速冲刺一个个辉煌目标，用来书写奇迹的，而不是做个优哉游哉的"佛系"小青年，在该吃苦的年龄选择安逸。

读博期间，刘明侦以新型太阳能电池为研究核心，主攻以卤化物钙钛矿材料为核心的太阳能器件，并取得了一系列创新性研究成果。

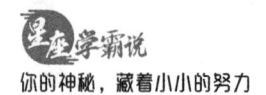

你的神秘，藏着小小的努力

"一般新材料的研究期只有3~5年，为了抢时间，我每天的工作就是做实验，钻在实验室里十几个小时。"从研究材料到发表论文，刘明侦只花了半年多时间。

在这么短的时间内就获得了本领域最前端的研究成果，这就像球星科比说的："你知道洛杉矶凌晨4点的样子吗？我见过。"这是刘明侦用无数个夜以继日的智慧奋战，取得的又一个成绩。面对欧美国家高薪职位、舒适生活、优美环境的挽留，刘明侦却毫不犹豫地选择了回国，并响应国家号召去了位于西部的成都。

光芒四射走红网络

2015年10月，刘明侦成为电子科技大学百人计划入选者，到该校微电子与固体电子学院工作。这位出类拔萃的90后，开始以正教授身份，为我国的学科发展和人才培养尽一己之力。

虽然顶着"美女学神""90后牛津博士""电子科大史上最年轻教授"等耀眼光环，但刘明侦在工作和生活中为人低调谦和。听闻学生过生日，她会送上一首自己写的小诗，激励他们"光阴所掷，未来所在，切莫虚度青春好时光"。课堂上，她是智慧博学的刘教授；生活中，她是和学生们打成一片的"漂亮姐姐"，和学生们一起吃路边大排档，在成都小巷的星光下畅谈人生。

当有学生对自己的发展方向迷茫时，刘明侦会给出这样的建议："学习是一个水到渠成的过程，只有踏踏实实地做好现在的每一步，打下良好的基础，并呵护自己的兴趣爱好，你将来才有选择的实力，才可能去迎接更多的挑战。"

曾经有一种调侃说，世界上有三种人：男人、女人、女博士。似乎女博士都是不食人间烟火的呆板女强人，只会"啃书"和搞学术。但刘明侦却用自己的活色生香证明了这种说法的不靠谱——工作之外，她打得了高尔夫，拉得了小提琴，做得了美食，也和闺蜜一起玩得转手机小游戏。她对茶道颇有研究。周末，品一杯香茗，听着音乐看几页闲书，是她最惬意的时光。

进入电子科大工作后，刘明侦高效组建了自己的团队，以国家重点项目为依托，积极突破我国当前传统太阳能的产业困境。

2016年初，凭借自己所取得的成果，刘明侦入选了第十二批国家"千人计划青年项目"。通过半年时间准备筹谋，她又于2016年7月牵头成立了"应用化学研究中心"。该中心的成立，助推电子科技大学化学学科成功进入ESI（基本科学指标数据库，是衡量科学研究绩效、跟踪科学发展趋势的基本分析评价工具）前1%机构排名。

2018年1月中旬，28岁的刘明侦晋升为电子科大材料与能源学院副院长、博士生导师。消息传出，这位美女学霸迅速走红网络。刘明侦受邀为大学生做演讲时说："任何一件事，只要我们认清它是正确的，不管多难多坎坷都应该坚持，因为坚持做对的事本身就是一种自我实现。我们终将成为中流砥柱！"

说到成功经验，刘明侦认真地说："要想拥有跟别人不一样的生活，你就必须做到别人做不到的事情。只有这样，你才有足够的资本过你想要的人生。"

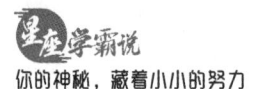
你的神秘,藏着小小的努力

你与"学霸"之间就差一个字:练

文/佚 名

本·霍根被认为是20世纪最伟大的高尔夫球运动员之一。他通过孜孜不倦地反复练习而取得了了不起的成就。霍根说:"清晨我会迫不及待地起床,来到练习场击球。练习几个小时,然后休息一下继续。"

对霍根来说,每一次练习都有其目的。传闻他花费了几年时间来分解高尔夫挥杆的每个阶段,并针对每一个阶段尝试新的方法。霍根有条理地将高尔夫运动分成数块,然后再弄清楚如何掌握每一个部分。他会仔细地研究每个球场,然后用树和沙坑作为参照,知道自己每一杆的距离。其研究结果近乎完美。他拥有高尔夫球史上最精准的挥杆动作。

他精准细致得像一名外科医生,而不是高尔夫球手。

霍根一生夺得9次世界大赛冠军。在他巅峰时期,其他高尔夫球手将他非凡的成就归功于"霍根的秘诀"。而今天,专家们对他那严谨的练习风格有一个新的术语:刻意练习。

练习，怎么刻意

刻意练习指的是一种有目的、有系统的特殊类型的练习。常规练习通常是盲目地重复，而刻意练习需要集中注意力，以提高能力为具体目标进行。当霍根仔细调整自己挥杆的每一个动作时，他都在刻意练习，在精细微调自己的技术。

刻意练习最大的挑战是保持专注。练习初期，定下目标并专注于目标是最重要的。如果我们盲目地重复练习就会忽略小错误，错过每次的改进机会。

这是因为人类大脑的自然倾向是将重复行为转化为无意识行为。例如，当你第一次学绑鞋带时，你必须仔细思考整个过程，在经过多次的重复后，你的大脑无须思考就可以执行这个动作。我们越是重复某个行为，它就越有可能变成无意识行为。

无意识行为乃刻意练习之大敌。很多时候，我们获得了经验就会认为自己会变得越来越好。而实际上，我们是在加强我们当前的习惯，而不是改善它们。

哪来的天才

《哪来的天才》是一本关于刻意练习的书。书中有个例子让人印象特别深刻——本杰明·富兰克林利用刻意练习提高自己的写作技巧。

富兰克林十几岁的时候，他的父亲批评他的写作能力。和多数少年不同的是，他认真对待父亲提出的建议，并发誓要提高自己的写作能力。

首先，富兰克林找来了当时一些著名作家写的刊物，然后他逐行仔细地阅读每一篇文章,并写下读书笔记。接下来,他用自己的语言重写每篇文章,并将自己写的版本与原版进行比较。"每次我都能发现自己的一些缺点,并加以改正。"最后,富兰克林意识到自己并不丰富的词汇量阻碍了他更好地写作,因此他把注意力重点集中在这一部分。

刻意练习通常遵循一个相同的模式:将整个过程分解成多部分,然后找到你的弱点,并针对每一部分做出改善,最后将你所学的纳入整体中。

小野二郎是纪录片《寿司之神》的主角,一位屡获殊荣的寿司店老板和厨师。他终其一生致力于制作完美的寿司,并以同样的标准来要求学徒。寿司制作过程中的每个细节,学徒都必须掌握——如何拧毛巾,如何用刀,如何切鱼等。小野二郎对制作过程的每一步都非常严谨细致。

芒努斯·卡尔森是国际象棋特级大师,世界排名第一。国际象棋高手的一个显著特点是他们具有识别"组块"的能力——棋盘上棋子的具体排列。一些专家估计,大师能够识别约30万种不同的排列。有趣的是,卡尔森训练自己的一个方法就是,在网上同时对战几个棋局。这种策略不仅让他更快地学习"组块",还给了他更多犯错并加以改正的机会。

很多音乐家都建议反复练习一首歌曲中最难的部分,直到你完全掌握。20世纪最伟大的小提琴家内森·米尔斯坦说:"有一次,我发现身边的人每天都练习很久,于是我问教授,我应该练多少个小时。

他说：'重点不在于练几个小时。如果你单纯用手指练习，练再多的时间也是徒劳。但如果你用脑子练习，两小时足矣。'我们应该尽可能多地集中注意力练习。"

篮球运动员A每小时练习投篮200次，球员B每小时练习50次。球员B投篮后自己捡球，休息数次。球员A叫同伴帮他捡球，并记录每次投篮的结果，偏了、远了、近了，一律记录下来。每训练10分钟，就回顾自己犯下的错误。假设这是他们的日常训练，且一开始他们的水平相当，你认为在练习100个小时之后，谁会成为更优秀的投手？

练习的反馈很重要

刻意练习与普通练习之间最大的区别在于：反馈。无论是本·霍根，还是富兰克林，掌握刻意练习的人都会在练习中持续获得有效的反馈。

获得反馈的方法很多，下面列举两个。第一个有效的反馈系统是测量。测量我们想要改进或提升的事情。我们阅读书籍的页数，做俯卧撑的次数……只有通过测量我们才有证据表明自己有没有变得更好。

第二个有效的反馈系统是辅导。辅导员对持续的刻意练习是至关重要的。一些情况下，执行任务的同时还要测量进展，一个好的老师可以跟踪你的练习进展，并找到改进的方法。

刻意练习从来不是舒服的练习方式。如果你能设法保持专注和努力，那么刻意练习会给你带来意想不到的效果。

"题海战术"也是讲究技巧的，读完这篇文章，你应该学会了吧？

星座学霸说
你的神秘,藏着小小的努力

聪明人的笨功夫,只求51%的效率

文/古 典

下围棋的人都知道韩国棋手李昌镐,他16岁就夺得世界冠军,被认为是当代仅次于吴清源的棋手,巅峰时期横扫中日韩三国棋手,号称"石佛",是围棋界一等一的高手。

李昌镐下棋的最大特点是,很少有妙手。

妙手就是指围棋中精妙的下法,有时候,一着妙手或解开困境,或扭转败局,甚至可一子制胜。《天龙八部》里虚竹随手破解珍珑棋局,就是以一着妙手帮他扭转人生,使他成为武林中内力最深厚之人。厉害如李昌镐,为什么没有妙手?

一名记者曾问过他这个问题,他憋了很久说:"我从不追求妙手。"

"为什么?妙手可是最高效率的棋啊!"

"每手棋,我只求51%的效率。"

记者愣住了,只求51%的效率?众所周知,行棋的效率越高越占优势,高效行棋,自古以来就是棋手追求的目标。

李昌镐又说:"我从来不想一举击溃对手。"

记者再追问,他沉默了。

为什么世界第一的棋手,每子只追求51%的效率?

职业围棋选手之间,即使有段位之差,胜负也只是在二三目之间。一般的围棋有200~300手,每手51%的效率,即有一半以上的成功率,150手51%的效率累积到最后也会让行棋者稳操胜券。

李昌镐最使对手们头痛的恰恰就是"半目胜",一局棋几百手,最后清盘——赢半目。

妙手很美,从另一个角度看则是陷阱。人追求一击致命的时候,正是自己最不冷静的时候,成功了不免沾沾自喜,失败了心神摇晃,下一步最容易一脚踩空。全力之后,必有松懈;大明之后,必有大暗。

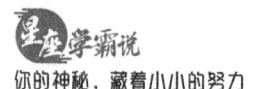
你的神秘，藏着小小的努力

珍惜每次当众出丑的机会

文／窦文涛

我从小害羞，小学五年都是一口石家庄口音，感觉是特土的话。北方的孩子堆里，谁一说普通话，大家会觉得你很做作。小学毕业考到另外一个中学的第一天才开始说普通话，小学时我不但一口石家庄话，而且结巴，有时我哥冷不丁地就给我一记耳光，他们说这能治我的口吃。

我是属于那种表达感情有障碍的人，可能越是这样的人，越是在台上格外放得开，我有时候在上台之前，觉得心里挺没谱的，就会对我身边的人说："夸夸我。"鲁豫等一些人就在我身边大喊："你盖世无双，你是最好的，最棒的。"唉，真有用，于是我就觉得能够镇定，能够兴奋。你们去注意美国拳击比赛，比赛之前召开新闻发布会，那些拳王会对记者说："我要把他像臭虫一样碾死。"他是没有修养吗？没礼貌吗？不是，这是一种心理调节的技术，是让自己兴奋起来。

有一次我跟主持人讲课时说："你们当中哪怕有人再内向，抽于言谈，肯定也会有那么一次跟人聊天的时候神采飞扬。所有人都被你吸引，只要有一次就能证明你是有口才的，你不需要去培养这样的能力，你需要的是如何调动你的这种能力，在需要的时候把它发挥出来。"

人要珍惜每一次当众出丑的机会。我在初中时，老师让我参加演讲比赛，写了演讲稿，也倒背如流了，我让家人说出任何一个自然段的头一个字，我"唰唰"把下面的就给背出来了。上台的时候，底下黑压压的一片，我背了一段，就想第二段开头的字，背完了第二段，我的大脑一片空白，冲着全校师生沉默了足有一分钟，吓得尿裤子了，全校师生就眼睁睁看我跑出校门。后来我回学校觉得旁边女生发出笑声都是在笑我。

我们老师对我说："虽然你没有演讲完，在学校没有名次，但是你朗读的那两段挺好的，你不要紧张，能背下来肯定能得第一名，我推荐你去区里参加比赛。"我这次答应得比上次痛快，好像觉得无所谓了，结果背下来真得了一个名次，从此之后我就有点儿变化了，反正已经丢脸了，还有什么所谓呢？卸下这个负担后，我觉得自己还行，也能经常在这种场合露露脸。

中国人传统上都比较内向，大家一起听你说话的机会很难得，要珍惜每一次当众说话、当众表演的机会，就让自己积累挫折、积累出丑的经验，这样才能放下自我。这次出丑了吧，你们笑话我吧，我就"不要脸"了一分，下次又出丑了，我就"不要脸"两分，等我全"不要脸"了，我就进入自由王国，进入无我的状态。所谓的"自我"就是脸面、自尊心、虚荣心诸如此类的东西构成的，当这些东西全被摧毁的时候，你突然发现你就获得一切了。你今天在10个人面前出了一个很小的丑，明天这就能帮你在10万人面前挣回一个很大的面子。

你看我的形象，驼背直不起腰来，所以跟女主持人坐在一起的时候总是显得我矮，导演就拿了一个电话号码本垫在我的屁股底下，可女主持人不高兴了，人家本来就长得高，凭什么我要垫一个呢？去趟厕所回来发现，嘿，她也垫了一个，垫就垫吧，导演后来觉得怎么你垫了还比人家矮呢，再给垫一下，到最后我发现自己都跟站着差不多了，因为已经垫了好几个了。我要越想这些事，我就越完蛋，越想你的手该放在哪儿，你越不知道该往哪儿放。

其实最快乐的时刻就是忘记自我的时候。

我生命里欠缺非常重要的一件事

文/二 美

每次我出去玩的时候，总有一种负罪感，觉得自己好像犯了大错。我觉得，我生命里欠缺非常重要的一件事情，那就是：玩。就是那种纯粹玩、图开心、不带任何目的、玩耍本身即是目的的玩。

小时候，家教特别严格，很少有自由玩乐的时间。上学的时候，学业为重，必须要考出好成绩。工作的时候，业绩为重，否则就要被淘汰。我感觉，人生好像变得越来越沉重，要承担很多责任，没有玩耍的心情了。当我想去玩的时候，内心总有个声音蹦出来提醒我：为什么要浪费时间去玩，你应该努力赚钱才对！所以每次我出去玩的时候，总有一种负罪感，觉得自己好像犯了大错。

我努力让自己成为一个工作狂，成为一个学霸，然而无济于事。内心有一只小怪兽，它老想出去玩，去探索有趣好玩的东西。

我看过一个故事。有两个名牌大学的高才生，他们都很聪明，是同班同学。两个人都去创业。第一个人创业的公司，大获成功，也拿到了投资，成为国内很牛的行业大咖，富豪榜上有名，是媒体和商界的宠儿。第二个人，也创业成功了，可是他却把公司卖了。别人问他，为什么不去拿投资，不做大做强？他说："这件事情对我来说就是个游戏，我玩过了，玩得还可以，这就够了，我并不想成为行业大佬。"后来他又去玩别的事情，还搞砸好几次。可是这个人却无所谓，继续玩，玩得很开心。他玩着玩着，居然也上了富豪榜。记者要去采访他，他拒绝接受采访，说他并不想当企业家，也不想上榜。

当时我觉得第二个人就是个傻瓜，当富豪多牛啊，你瞎玩什么呢？现在回想起来，我觉得第二个人自有他的人生智慧。他可以做到更多地在乎自我感受，不被外界绑架。对他来说，上富豪榜根本不重要，玩得开心才重要。

于是，当我觉得人生沉重的时候，我就特别想去玩，想找回童年那种纯粹的、自由自在的快乐时光。我跟着小伙伴们去滑雪，摔倒在雪地里，惊险又刺激。可是我觉得很快乐，在玩耍中我忘却了烦恼。童年时候，我们在雪地里打雪仗的那种快乐，好像又回来了。我跟着他们玩扑克，无比投入地玩，忘记了时间，忘记了忧愁，我觉得很快乐。我去看脱口秀哈哈大笑，前仰后合，不用在意什么淑女形象，只要我开心就好……

从小我就特别羡慕、崇拜那些会玩的人，我觉得他们简直就是快乐永动机。他们有一种自得其乐的性格，总是能从各种玩耍中找到快乐，消解人生的苦楚。

中学时候，我们班级有一个男生，他经常考倒数几名。但他特别爱玩，上网，打游戏，踢球，溜冰，打台球，飙摩托车……好像没有他不会玩的。女生们经常围着他,作为学霸的我,也常常围观他又弄了一些什么新玩意儿。

老师怕他把我们带坏,不让我们跟他一起玩。但是一个会玩的人,他就是很有魅力,我们就是不由自主围着他转,老师也没有办法。学生时代的我们,喜欢两种人,要么是学霸,要么是玩霸。

有一次,我和一个朋友聊天。我说,我就是想找个人陪我一起玩,我很想把那些缺失的东西补回来。她说我:"你玩心太重了,你都是成年人了,你还以为自己是小孩啊?"

可如果人生没有那么多快乐,我觉得活着本身就是一种沉重的负担。我希望自己多去玩,多去体验有趣的事情。我更希望我能用玩耍的经历来改造我的人生,把我的人生本身变成一场好玩的游戏。

你是怎么看待勤奋的

我们是天蝎座（4）

18:00

天蝎君
说说你们究竟有多勤奋？

18:05

 宋佳
其实我自己没觉得多勤奋，可能是习惯了吧。

18:30

 薰衣草
每天早上六点起床，出去跑步、看会儿书或者干脆吼两嗓子（我五音不全），人生充满了阳光。

天蝎君
蝎蝎们可能并不觉得很勤奋，因为他们习惯了勤奋。

 郑光纯
完成自己的任务，不完成不睡觉，算勤奋吧。

Part 6 就是这么求真

天蝎君

"知之为知之,不知为不知,是知也。"遇到不会的知识,就算是赖着老师缠着同学也要问清楚,不容许有任何不确定的成分存在,打破砂锅问到底。这没什么可害羞的,在学习路上,"求真"也是一种制胜法宝。

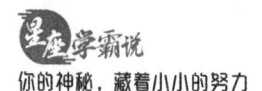
你的神秘，藏着小小的努力

董卿：读书可以给人以力量，更能带我们接近真实

文／天蝎君

说到学霸，主持界还真不少，但是说到天性聪明、去伪求真的天蝎学霸，董卿绝对首屈一指。

说到董卿，就在所有人都以为她也就那样了，"万年晚会专业户"，一开口就是满满的"春晚腔"时，一档文化类的综艺节目《中国诗词大会》为她圈粉无数，被喜爱读书的年轻人称为"真女神"。

少女时代的倔强蝎子

由于父母工作原因，董卿从小被寄养在外婆家里，直到7岁，该上学了，才被父母接回身边。按理说，身为独生女的她应该被宠成"小公举"，然而，董卿遇上了一个严厉的父亲。父亲要求董卿承担家务劳动，刷碗、擦地统统都要做；董卿稍微能识字了，父亲就让她每天抄成语、抄古诗，还要求大声朗读并且背诵下来。稍微大一点儿，又让她抄古文。

每天早上天还没亮，他就把董卿从床上拎起来，让她到家门口淮北中学的操场跑一千米,跑不完就别想吃饭,她回忆说:"那时候学生出早操,我一个人在400米的跑道上跑步,感觉特傻,整个学校的同学老师好像都看着你,像阿甘一样。"

那个时候的董卿完全不能懂得父亲的良苦用心,只觉得为什么别的小朋友能在外面玩耍,而自己却要在房间里看书、背诗。

不过倔强的种子已经在她的心底悄悄种下,你让我背一首诗,那我偏要多背几首,多年后谈起自己的"勤奋",她说颇有一种想战胜父亲的感觉。

敢闯敢拼的霸气蝎子

似乎是与生俱来的勇敢和倔强,虽然父亲一直严格要求董卿,但是她还是为了梦想,第一次对父亲说"不"。

读初中的时候,董卿就是学校的文艺积极分子,毕业后她想报考浙江省艺术学院,当然父亲是不同意的,他说:"报考艺术学院是正途吗?充其量唱歌跳舞,你能又唱又跳一辈子吗?"

被"压迫"了十几年的董卿,终于压抑不住自己的洪荒之力,瞬间爆发了,并坚持要考艺术学院。就这样,董卿抗争胜利了,1990年她进入浙江艺术学院话剧表演班就读。

多年后,董卿回忆起那段往事,表示父亲早就跟自己道过歉了,不过正是由于父亲的教育方式,才培养出自己一颗大心脏,不然在通往央视名嘴的路上早就受不了那些挫折了。

刚到北京时,董卿连房子都没租,就住在央视的宾馆里;也没有钱买车,每天拖着大包小包的衣服、化妆品、鞋子在街边等公交;请不起化妆师,就自己对着镜子描眼线。即使是再忙,她也会每天抽出时间读书,就像她说的:"如果几天不读书,就像几天不让我洗澡一样难受。"

一位热爱的求真蝎子

董卿曾在采访中说:"我的确是对人和文字非常感兴趣,好的书经常让我热泪盈眶,有趣的人也是这个世界上最亮的一道风景。"

当我们真的爱一件事,并投入了感情之后,才有激情和热情去实现。就像此时的董卿,她的脑子里好像有一个声音在召唤她,所以才有了《朗读者》,即使她从来不认为自己在做"制片人"这件事情上有天赋。董卿也是个爱"较真儿"的人,在做节目的时候,她说:"我经常会7点多钟坐下去,一直到凌晨两三点才离开那个椅子,除了喝水、上洗手间,我一动都不动,我要去想很多很多的问题,每一个细节都可以生发无数问题,你需要做的就是不停地查资料。"

其实有时候,坚持自己坚信的,追求自己想要的,求真带给你的结果,绝对让你意想不到。

读书的"用",不在眼前,不在当下,它能带你更接近真实,体会生活的意义。它是一种无形之用,是一种潜移默化,它能融进你的血液、精神、行动之中,悄悄地对你的生活、环境发生作用,会在不知不觉中改变你的人生轨迹。

有向上行的能力，更要有脚踏实地的勇气

文／汪星宇

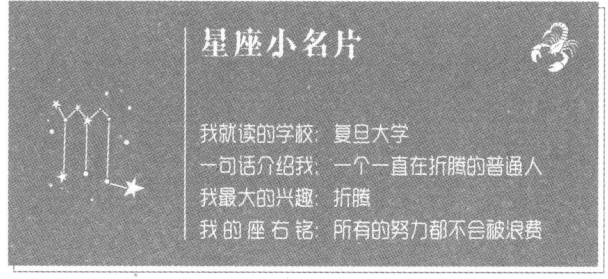

我是一个从小迷茫到大的人。

读书时疲于应付各种考试的我，不像青春校园剧里的主人公意气风发，励志前行。我没有"以后长大想做什么"的理想，不曾为了某个目标艰苦奋斗然后成就辉煌，连为什么要去读国际关系这个专业都是糊里糊涂的。

虽然上了大学后做过主持人、卖过化妆品，一个人背着包游历了欧洲各国，还有朝鲜以及美国的纽约，但我依旧不知道前进的方向在哪里，只是一个劲儿地走。

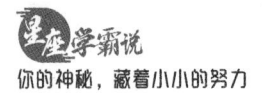

走着走着,我发现我没有变成仰望星空却掉进坑里的泰勒斯,而更像是神话中奔月的嫦娥,离地面越来越远,离"真实"越来越远。

有多少自以为是的"脚踏实地"

以前一遇到"你想要做什么"的问题,我都选择打游戏或者睡一觉来逃避。总觉得自己又不是苏格拉底或赫拉克利特,不必绞尽脑汁思考怎么认识自己,不必纠结于世界到底是起源于火还是起源于水。

可是我错了。

写毕业论文时,我花了半年时间来研究小岛屿国家的气候变化,针对当地的调查资料,我提出了教授都颇为赞赏的建议。但直到毕业后,我跟一个来自小岛屿国家的朋友一起吃饭,他听我满脸通红、激动万分地讲完了我的论文之后,只是淡淡地说了句"Interesting(翻译为有趣,实际是说反话,即真没意思)"。

这个单词意味着他对我的想法并不感兴趣。

我追问了好久,他才说:"其实不需要帮我们造什么人工岛,当地居民更需要的是免费的计算机课,这样他们就可以到美国或澳大利亚找一份工作。"

那个时候我才知道,自己距离"真实",差得有多远。

书就在那里,知识就在那里

读书时是培养求真心态最好的阶段,可惜大多数人都没能做好,我也一样。不知道学习是为了什么,不知道背诵秦皇汉武以后能有什么用，所以都是"过目就忘"，"口诵而心不惟"。

印象最深刻的是，听朋友说他认识的一个人，她本科毕业后喜欢上了商科，于是去剑桥读商，回来工作了几年后对艺术产生了兴趣，去中国美院读了艺术史的博士，最后当了一名教授艺术的大学老师。

我说，那她一定有一颗热爱知识的灵魂，不管行走在什么样的道路上，都能看到启明星的指引。

可能是因为现在人们总是喜欢把学习读书与未来的事业联系起来，所以学习不再是一件纯粹的事情。在学校读书好、成绩好，毕业了去找一份好工作，让家人脸上有光，这是大多数人口中"别人家的好孩子"，也是我曾经一直以来觉得自己应该变成的模样。

但在真正的古代圣贤眼中，学习读书是为了能让自己获得知识，所谓"学以求真，不在致用；用在济民，不在干禄"，是不包含任何功利目的的。至于做官匡扶天下，或是避世隐居修行，那是读了书后，灵魂有了方向，顺其自然的选择。

想想看，你有多长时间，没有为了想知道某个问题、对什么东西好奇，而去认真看一本书了？你有多长时间，和人聊天总是因为没有有趣的话题，而只能尴尬地玩手机？

没有求真的心态，你可能暂时不会失去什么，但以求真的心态去学习，你能得到的更多，以后的路会更有方向。

上大学时有一门课，老师在第一节课就跟我们说："你们大学生啊，一年至少自己去读200本书吧？大学时光就是用来读书的嘛，我以前一个学期就读了200本书。"当时我就被吓到了。当然，到毕业我也没能做到这一点,但我有同学可以一个学期读91本书,已经是非常优秀的了。

多读书有什么用?其实被逼着去读或为了完成作业而去读是没有什么用的,所以老师当时说的是"自己去读",而不是他要求我们读。只有自己真正想去读书,才会在课堂之外吸收到更多对人生有益的知识,才会培养出一个有趣的灵魂。因为凡有所学,皆成性格。

现在不管有多忙,我都会在吃饭时或睡觉前听一会儿书,或看一个演讲视频。这些跟我所做的事情可能八竿子打不到一块儿去,但我很喜欢那种纯粹为了知道而去追寻的过程,它给我带来愉悦。

因为,书就在那里,知识就在那里,抱着求真的心态去学习,你会发现那是一种享受而非负担。

不要着急起飞,也不要一直散步

没有求真,就没有务实的方向。求真是心态,务实是方式。

不过我以前一直觉得自己是个务实的人,因为自己虽然不知道方向在哪里,但从没有停下过脚踏实地的步伐。

学习没有捷径,这是大家耳熟能详的。有的人不按部就班地学,总是抱着急躁的心理,想要快点儿起飞。

可你又不是笨鸟,着急什么?

在读书的时候,我们都是缺乏生活经验的,所以才需要务实。比如,生活在城市的我们很少接触乡村,"交通不便,劳动力缺乏,经济发展水平较低",这可能是大部分人对乡村的常见印象。但如果有这样一道题，问你在传统古村落中的旅游业发展，你怎么回答？

研究生毕业后，我开始做"乡村笔记·乡土研学"项目，在这之前，我也不知道真正的传统乡村长什么样，一直以为自己住在上海乡下，那里就是中国的农村了。直到我去了湘西，去了四川，我才知道古文中描绘的"黄发垂髫，并怡然自乐"到底是怎样一幅场景，在跟别人谈中国的乡村时才不会脑袋空空。

当越来越多的考试题目与实际生活挂钩，当作文题目中开始出现"美丽乡村"，当传统文化成为热门题材，学习方式不能天马行空，但也不能照搬以前、死记硬背。当别人已经开始小跑时，你还在散步，当然会被甩在后面。

因为生活这种东西，就像是一盒七彩的糖果，在剥开糖纸之前谁也不知道它是什么味道。

我很庆幸，庆幸自己发现了因为没有求真而在务实的路上迷失了方向，所以在这里与你分享我的故事。

我们都不是圣贤，不会第一次摸到书本就知道什么是求真，什么是务实。但努力求索真知，从生活中学习，拉近与真实之间的距离，是你我都能做到的。

愿你每一次跌倒，都能站起；每一次飞行，都有引领。愿你求真务实，不装聋作哑，不辜负时光。

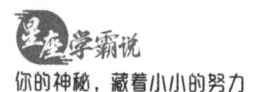

下一站：真理

文／小优优

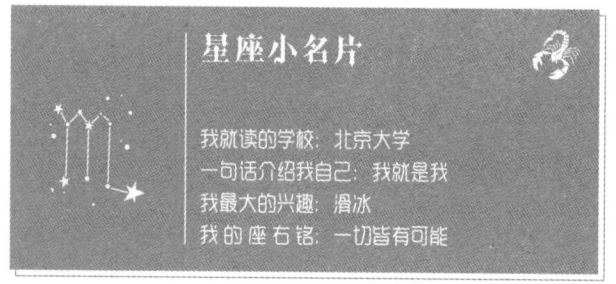

星座小名片
我就读的学校：北京大学
一句话介绍我自己：我就是我
我最大的兴趣：滑冰
我的座右铭：一切皆有可能

  窗外深青色的麦子渐渐地消失在积雪中。猛然抬头，铁轨、屋脊、树杈，都披上了深深浅浅的一层。天地顿时连成了一片，自己也似乎化为这雪白的一部分。思绪的车轮不觉开始倒转，那是去年夏天。

  顺应学校的号召，期末考试后第二天我便加入了叶老师的课题组，开始跟随铁飞师兄与各种仪器、试剂打交道：伴着睡眼惺忪的初阳，通风橱开始呼呼地鼓气，脱下实验服时已是凌晨。回宿舍的路上，两旁的松树枝丫为我们拂去一天的疲惫，树缝中隐约可见的月儿，也似咧开了牙儿。微风吹过，树枝轻曳，惊醒的鸟儿扑棱棱地飞起，那一声声娇弱的叫唤，刺破了这宁静，也预示着一天的结束。

然而这份宁静并未持续太久。不知何时起，铁飞师兄的眉头皱了起来，实验室里唯有各种仪器杂乱无序的噪声，掺和着窗外知了愈发蛮横的叫声。一日，见铁飞师兄对着一篇文献发呆，鼻尖上渗出一粒粒汗珠，雪白的实验服脖领处的汗渍干了又湿，湿了又干，他却无暇拭去。晚上开组会时，铁飞师兄汇报他这些天的工作，叶老板（对导师的别称）听完铁青着脸：

"这么长的时间你就做了这么点儿工作，进度太慢了！"

"我想试一下这个反应，按照文献的方法重复了好几次都达不到预期的效果，我最近在尝试联系文章的通讯作者，但是他没有任何回复……"

"这样不行，你得想办法把这个问题解决，不要纠结于一篇文献，这篇文献不行你可以看看其他的文献，试试其他的反应，关键要把进度提上去！你要是对这个反应有兴趣可以等课题做完了再来研究研究，要知道上次隔壁组一名同学就是因为进度太慢导致文章被别人先发了！"老板清了清嗓子，加大了音量。

此后很长一段时间里，铁飞师兄都很少说话，脸上也常常是乌云密布。实验室里的空气仿佛凝固了一般让人窒息，我只得在一旁帮铁飞师兄集合各种原料，好帮助加快实验进度。开学后因课业压力增大，与老板交流后决定暂时先把重心放在学业上，之后便很少去实验室搬砖了。

再次见到铁飞师兄时,是在寒假的组会上,铁飞师兄依旧如往常一样,汇报自己的工作,只是一改暑假的沉闷,脸上也露出了久违的笑容,洁白的小犬牙一如那暑假回宿舍时树缝中隐约可见的月牙儿。

"这进度还算可以,其他同学都好好向人家学习学习!"老板抿了一口茶,眯着眼睛说道。

一旁的师姐向我讲起我不在的这段时间里发生的故事:

我走了以后,铁飞师兄换了另一个方法试反应,加班加点最终确保了实验的进度。但是他心里老是惦记最初的文献,当接到通讯作者的回信之后,他再次按照通讯作者的描述重复实验,发现问题原来出现在一个非常不起眼的添加剂上,原文献报道使用的是国产的添加剂,而铁飞师兄一直用的都是进口的添加剂。

发现问题所在后,铁飞师兄立即和老板沟通。

"你用那么贵的进口试剂都做不好实验,你拿国产的就行?"

"为了回答您这个问题,我特地向试剂公司咨询了一下,因为工艺问题,国产添加剂仍有少量水分残留,但是进口试剂没有这个问题,然而正是这微量的水,完全改变了反应的反应机制,使得实验朝着两个完全不同的方向进行。为了验证我的猜想,我又做了一个对照实验:往进口添加剂里面加部分水后继续重复之前的操作,发现反应就很顺利了。"

"这个发现挺重要的,你先把手头的工作放一放,把这个添加剂的问题彻底搞清楚!"老板背着手道。

靠着之前试反应时摸索出来的经验,师兄很快就发了一篇很漂亮的paper（论文），同时正准备借实验过程中的发现申请专利。

听完师姐的介绍，再看台上的铁飞师兄，心中涌起一丝敬佩。

南下临行前，收到铁飞师兄的一条消息：一起吃个火锅吧！

匆匆赶到商定的地点后，发现铁飞师兄早已坐好等我：泛着油光的火锅底料尽情地翻滚着，腾腾的热气一扫路上的寒冷。

席间铁飞师兄和我聊了许多，从专业谈到未来，还顺便提及自己刚刚收到了哈佛、耶鲁等学校的offer（录取通知书）。

"这么多offer不要犯选择恐惧症呀！"

"就耶鲁的校训：Lux et Veritas（真理和光明）来说吧，和我刚好歪锅配歪灶。"师兄半开玩笑道。

抬头再看铁飞师兄时，铁飞兄已吃得满头大汗，那脸上的汗水，丝毫不逊色于去年暑假实验室里流下的汗水。

"啤酒饮料矿泉水，花生瓜子八宝粥，来，小伙，腿儿让一让！"服务员的话把我的思绪拉回火车上。再看看窗外的雪景，脑海中闪现一个词——真理。

青少年"睡懒觉"才是正道

文/富城

最新的研究表明,不要说晚睡早起,即便是被认为很健康的生活方式——早睡早起,也会伤害青少年身心健康。科学家建议,让青少年睡懒觉才是正道!这究竟是怎么一回事呢?

20世纪80年代的一项研究结果证明,人的大脑在青春期时的睡眠和苏醒模式与其他时期截然不同。青春期的身体直到晚上10点45分才开始感到困倦,早上8点之前不能自然醒来。之后,世界各地的研究人员纷纷证实,几乎所有的人类以及大多数哺乳动物在青春期都会经历大脑中睡眠时间的延迟。所以,从本质上来说,青少年在早上8点前无法完全清醒,这是人类的生理问题,而不是态度问题。

名字影响长相吗

文／郭五陵

以色列希伯来大学研究人员在法国和以色列找到数百名参加者，向他们出示了陌生人的照片和四五个名字，让他们选出一个看起来最匹配的。令人惊奇的是，人们的正确率竟然高达40%。而且，该判断受文化因素制约，人们在判断本国人名时，正确率更高。这个结果证明了"自我实现预言"在其中发挥了作用：人们会将不同的名字与文化中的刻板印象联系在一起，在潜意识中通过变换发型、妆容等方式来使外表和性格变得"像自己的名字"，以此满足社会期待。

研究人员表示，一旦人们知道了名字可能改变人生轨迹，父母在给孩子起名时就会考虑得更周密，人们也可以选择是否遵循名字的社会期待来成长。

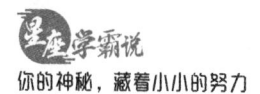
你的神秘,藏着小小的努力

蒋方舟:"天才"进化这二十年

文/李小鱼

一个不再年轻的天才少女和一个没有作品的青年作家

公众人物里,很少见到像蒋方舟这样"自黑"得透彻入骨的人。在高强度的社会注视和自我价值坐标中,她警惕楚门的世界,更竭力避免"伤仲永"的悲剧。

7岁写作、9岁出书、12岁开设媒体专栏,过去的20年,她活在母亲为她营造的文学世界里。小时候,蒋方舟像花样游泳运动员一样,被施以托举动作,希冀以一种幼年写作的惊人之姿横空出世。

但他人的注视,即他人的期待。过早成熟的身心,使她成了他人期待的实现者。当社会需要出位的年轻人时,她就是《邪童正史》;当直播败坏了文化风气时,她则成了《圆桌派》里的话题制造者。所谓"十几部作品"成就的是她本人半红不紫的存在,而不是文学本身——社会的落网织就了温柔陷阱。

可是似乎所有人对于后者都不怎么在意,除了她本人。

成名之后,蒋方舟参与过很多社会活动、讲座、论坛、签售会、颁奖礼,还多次出现在商业广告中,她是微博上坐拥700万粉丝的大V,但是她说自己并不愿意追赶变化的时代,越来越反感扮演他人眼中的"天才"。

"至少到目前为止,我也未有一部自己能够面对而不感羞愧的作品。"出道20年,蒋方舟如履薄冰、如临深渊——终于从一个"钻火圈的杂技演员",成功进化成"32岁前写出让自己满意的作品"的普通写作者。

成为普通人

8月中旬,蒋方舟新书《东京一年》出版,各大书店迅速被一片红色包围。红色封面的《东京一年》被摆放在畅销书区最显眼的位置,8月21日,《东京一年》杭州西西弗书店签售会,清一色的90后读者,提前半小时就挤满了大厅。他们中大多数人是蒋方舟"天才神话"的见证者,但也有人仅仅是从媒体只言片语的报道中,简陋地拼凑出一个模糊的天才形象。

"这是谁啊?"现场一位拿着书等待签名的男生问旁边的人,"她是神童,12岁就出书了,还被北京大学破格录取。"虽未经核实,但回答的人言之凿凿。显然,在他看来,9岁还是12岁,北大还是清华都不重要,重要的是"少年出书""名校""破格录取",有了这些元素,就足以构成一部天才神话故事。

这是蒋方舟最害怕的事情——被贴上"天才"的标签,就意味着失去了做普通人的资格。在她看来,这都是少年写作和成名的苦果,一共有两次，第一次是高中时被同学孤立，第二次是成年后，大多写作者还处于文坛新丁的年龄，她却要开始面对"江郎才尽"的质疑。

人的天性里，大抵是有"眼看他起高楼、眼看他楼倒了"的快感。人们预言蒋方舟的前途，等着看她江郎才尽，等着看这种方式的失败。因为天才陨落，平庸的人才能为自己的平庸找到合理的理由和出口。

在知乎上，有一个问题是"少年成名是什么感觉"。

蒋方舟的回答获得了两千多个赞，她说"无人时也觉得有人鞭抽棒打地在后面催促自己，或是有无数双眼睛在盯着自己的人生进展，不怀好意地，于是总是提着一口气，担心不进则退"。

这一口气，她已经提了20年。不到7岁时，一个夏日的夜晚，蒋方舟被妈妈告知一条新"法律"——每个小学生在小学毕业之前，必须出版一本书，否则就会被警察抓走。父亲是一名铁路乘警，顺手拿出一副手铐，假装铐在她手上。

她吓得大哭起来，在泪水中写下自己的第一篇文章。总共600多字，花了整整8个小时。妈妈看完后，对她说了4个字"你是天才"。这4个字改变了蒋方舟此后的人生，"既是鼓励，也是诅咒。我被指定为天才，所以我要有能力成为天才"。

接下来，蒋方舟按照天才的步伐行进。9岁写成散文集《打开天窗》，小学毕业前完成了出书的愿望。12岁那年，她开始写专栏，突然有一天发现报纸上一个整版都在写她，说她的文章语病连连，语言太随心所欲，"我意识到自己出名了，虽然是质疑和批评"。

也在那一年，她的散文集《正在发育》出版，随后又有《青春前期》《邪童正史》等陆续出现，几乎是一年一本的速度，在进入大学前已出版9本书。她也因此被贴上"神童""天才少年"的标签，不得不接受人们对自己的评头论足，包括生活和写作。

大学开学时，蒋方舟去清华报到，她背着一个山一样的大包，"一路上听到的都是失望的哀号"，大多数人会说"原来你就是蒋方舟"，也有个别人会详细描述观感："没事儿，还挺壮实的，比我想象的结实。"

"时常觉得自己像个马戏团表演者般被围观，是一个站在低处的被参观者。"蒋方舟后来回忆。小时候她的噩梦是"如果有朝一日江郎才尽成为普通人怎么办"，这个噩梦纠缠了她很多年。

她越来越想成为一个普通人，逃离现有的生活，以及少年写作带来的名气。2016年，日本国际交流基金会邀请她去东京文化交流，她想都没想就应下来了。在异国他乡，镁光灯和注目离她远去，她成了"走在大街上只会单纯因为可爱被搭讪"的普通人。

蒋方舟说自己像盆栽里的植物——盆栽是前20年的写作生活。她的工作、家庭、社会身份等，是构成盆栽里的东西，她能长成什么样的形状，能长到多大，完全由盆栽决定。

而东京一年，她有机会把自己种植到一片陌生的土壤上，虽然没有人每天给她浇水施肥，也得不到那么规律的照顾，但是她能长成什么样的形状，完全是由她自己所决定的。

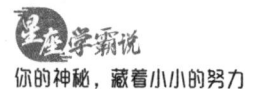

28岁未成年

《新周刊》的前辈曾预言,蒋方舟心里有两列相向而行的火车,分别代表她的心理和生理年龄,这两列火车会在她18岁时相遇。

可事实上,直到她28岁这年,两列火车才真正相遇。

少女时期的蒋方舟在看卡夫卡、米兰·昆德拉、尼采,而现在看"怎么画眉毛""怎么穿衣服"。

她说自己小时候是被剥夺性别的,13岁开始发育时,她脱光衣服站在镜子前,想看看自己的身体到底是什么样子,结果妈妈大喊一声"你在干什么,赶紧下来"。她受到惊吓,整个人从凳子上摔下来,留下严重的心理阴影。

第一次有自己的衣服,是12岁,一件美特斯邦威的红色夹克,大概穿了三年,直到袖口已经磨破了,然后才被淘汰。三年就穿那一件,审美在少女时期被完全屏蔽。

直到20岁左右,有人叫她"美女作家",她才开始重新审视自己的长相。"漂亮是刚需好吗",前不久在《圆桌女生派》中,她说自己现在还是未成年"少女"。每天写作前,都需要依靠淘宝、天猫半小时来给自己加满血槽, 她不太看包,但喜欢看衣服和鞋子。迟来的青春期在她体内复活了。

除了女性审美意识,两性关系同样体现了蒋方舟的"未成年"特质。有一段时间,她通过"自暴情史",获得了等同于"9岁出书"的舆论关注度。

虽然她对好友说"并不喜欢节目中的自己",但也愉快地接受了"饥渴大龄女青年"的人设,就好像又回到了"表演钻火圈"的少年时期,既然大家都喜欢这样的她,那她就多表现一下这样的自己好了。

意识到这一点后,现在的她"能够更加诚实地对待自己的感受和认识"。她说自己正在学着在该谦卑的时候谦卑,该表现出自己真正的锐利时,也不妨表现出自己的锐利。

自我价值坐标

微博上,她经常发自己的"丑照",其中一张"年前体重处于峰值时的照片",她双手插兜站着,弓着腰,视觉上呈现出"五短身材"的效果,一阵风吹来,长发毫无章法地呼在脸上,网友评论"挺像搞摇滚的",她"哈哈哈哈哈哈"地转发出来。

"自黑"俨然成了她自我保护的硬壳,别人怎么说已经不会干扰到她了。

真正害怕的事情只有一件,就是说她在写作上没有成长。"你写了这么多年,也没有进步,这种东西真的会让我害怕。"她说自己现在还是非常努力地想要写一种她心目中能够代表时代的精神,或者说一些共同记忆的作品,"像余华的《活着》那样。"

这是她的一个心结,她依然记得小时候看那些文学作品的震撼,"我觉得写的就是我,我还是难以忘记。"

《灌篮高手》里,三井寿对安西教练说:"教练,我想学打篮球。"85后这一代人看到这句话都会热血沸腾,但对蒋方舟来说,她

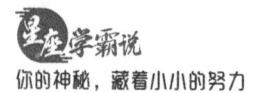

想跟安西教练说的,是那句:"教练,我想写小说。"

2016年9月,蒋方舟考上中国人民大学创意写作研究生班,重新当起了学生,老师当中,有阎连科、梁鸿,还有同为80后的张悦然。对如何面对名气和出道时间都不如自己的张悦然,她态度坦然,"我自己没有写过长篇小说,而悦然能写成,并且写得好,在这方面她本来就是老师"。

"从十六七岁开始,成人世界就不断地给我划出各种他们觉得我应该走的路,比如媒体人、公共知识分子,比如说你还可以做一个更多元的人,还可以写剧本、演电影。"但她认为,想干的事和能干的事并不一样:她也能去拍电影,也能做视频节目,能当个媒体人……但这些都不是她想干的,她想干的,还是写小说。

"一个作家应该在30岁之前尝试各种各样的事情,30岁当一个作家是合适的年纪。"蒋方舟越来越相信米兰·昆德拉的说法。

哈佛教育最大特点：敢问敢说会"忽悠"

文／李稻葵

我自己在哈佛大学读了7年的研究生、博士，也曾经辅导过许多本科生，近距离接触过他们，他们可能是最能代表美国精英青年的一群人。

曾有一位犹太女孩子给我留下了深刻的印象：那是1990年，她为了获得更高荣誉级别的毕业生头衔，要完成本科论文撰写。一般学生都是随便套件T恤牛仔裤，但她总穿着昂贵的外套，背着名牌包，化着精致的妆容；并不像"好学生"的打扮，而她给我的第二个印象源于她提的问题，她好像什么都不懂。

我那时的工作是在经济系的本科毕业生撰写论文时，为他们解决计量经济学技巧和电脑技术问题，她对这些基础学科几乎一无所知。但她什么都敢问，一点儿不羞赧，完全没有怕被人鄙视的感觉，更"无厘头"的是，她还敢于向别人提要求。

当时的计算机数据都存储在脸盆那么大的磁盘里，厚重的磁盘需要搁在磁盘机上操作，可她经常不动手，都是我们为她"卖力"。

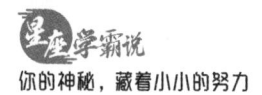

你的神秘，藏着小小的努力

每当看到实验室里散落着一堆磁盘，旁边搁着一个手袋，我们就知道"大小姐"来了……

第二个孩子是我的一位亲戚。她在中国上的中学，后来到美国上哈佛大学。她的学习成绩并不突出，刚开始在国内读高中时，数学还常常不及格。那么她有什么资格入读哈佛？是她的思辨能力。她在国内最喜欢的课居然是政治课，还常常跟政治、语文、历史等各科老师辩论。加上阅读涉猎广泛，有独特的视角，令她轻松斩获了哈佛面试官的青睐，而其他一些学风严谨的学校却对她不感兴趣。

当然，也不是每一个哈佛生都这样雄心勃勃，自如地游走在各种人际关系里，我曾经遇到过一位哈佛生，他的父亲是美国联邦巡回法院的大法官，也是哈佛校友。他本人毕业后，就在哈佛校园附近当起了按摩师，类似于我们的北大生卖猪肉，不过这在美国可不是什么大新闻，大家似乎都能理解认同。

话说回来，我的这位亲戚也曾向我坦言，哈佛的学生整体上和其他常青藤联盟的大学，包括耶鲁、MIT（麻省理工）、普林斯顿的学生有点儿不太一样：哈佛生总是自命不凡，总有一股子干劲、冲劲，而且敢问敢说——不懂就问，想说就说。我恍然大悟。这可能是美国精英教育最具代表性的风格。

那么，第一个女孩子后来怎么样了？四五年前的一天，我突然在电视上看到她正在演讲——而她的身份是Facebook（脸谱网）的首席运营官！她就是如今大名鼎鼎的雪莉·桑德伯格！

因此我一直在反思，我们对美国精英教育的理解是不是有偏颇？

在我们的传统教育里，学生从小就被要求毕恭毕敬，谨言慎行，问了"低级问题"就感觉羞愧，缺乏勇往直前、敢问敢说的精神。

而哈佛大学不仅是典型的美式教育，更是培养领导型人才的地方——领导者并不一定需要高深的专业背景，重要的是不懂就敢于发问，敢于在众人面前表达观点，动员团队里的各色人等认同自己，鼓舞大家努力前行。这就是领导力的体现。

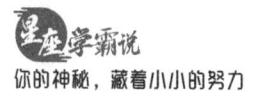
你的神秘，藏着小小的努力

你的天分在哪里

文／张佳玮

米兰·昆德拉的父亲路德维克·昆德拉是捷克大音乐家亚纳切克的徒弟；米兰少年时就跟父亲学钢琴，然后进修作曲和声学。之后在大学，他学了影视编导。

最后，在29岁，他写了自己第一部小说《玩笑》，然后一发不可收，成为我们都知道的大师。他自己后来陈述过他对音乐和小说的混杂爱好。

首先，少年时，他觉得自己不能不写小说，音乐无法满足他的表述需求；但他的小说又大多带有音乐的复调结构，七章循环。他念叨说，自己并不是故意把所有小说都写成七章的。"我一直想摆脱七章的宿命……但这是一种深刻无意识的不可理解的必需。"

艾略特的巨作《荒原》是他在银行工作时写的，马尔克斯早年在哥伦比亚当记者。马尔克斯本行学的是什么呢？他在哥伦比亚大学学的法律。

许多时候，你以为是尝试了一点儿新东西，并不知道那其实才是你真正的人生宿命——此前的一切，都只是为了等这一刻到来。擅长什么与天分何在，其实还不一定是一回事。

一些人擅长什么似乎显而易见。比如，看见个子高的，大家都会建议"去打篮球打排球当模特"；看见长得好的，"去做模特去当演员"；多少父母看见孩子口齿伶俐，就喜滋滋："可以去做演讲说评书！"我还见过孩子父母志得意满地说："钢琴老师都说我家孩子手生得好，可以去弹钢琴！"每个人或多或少都有过超乎其他人的一技之长。早熟的孩子比别人长得高啦，音准好的孩子擅长唱歌啦，不一而足。

许多人大概时不时会感叹：我小时候什么都会，后来就抛下了；如果一直坚持，也许就……的确如此。每个人都可能有隐藏的技能没被发觉呢。但那是天分吗？不一定。

许多运动员有天赋，有普通人羡慕无比的天赋；但我接触过的一些运动员自己承认并不热爱这项运动。

行外人会觉得暴殄天物，一定会说："如果我能娶到玛丽莲·梦露，我一定天天不出卧室房门啊！你居然把梦露搁家里，自己出来晒太阳！你怎么想的？"

但行内人一定明白，职业会消磨人的热情。任何一个爱好一旦成为职业，一定会让人因为例行公事而倦怠。倦怠之后，还有支撑着他们继续下去的热情，才是真爱。许多行业尖子被采访时，常说："你要热爱这行。"其实这后面是另一句："……热爱到当职业了还能不讨厌。"所以事实是，兴趣、热情与持久不懈的能力，在长期来看，

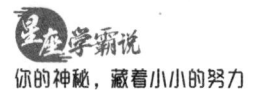

才是最重要的天分。

每个人可以擅长许多东西，可能有许多技能，会被人啧啧称赞，但除非你在这方面确实是万中无一的天才，否则，从长期来看，那件你闲暇时依然会做的事情，那件你可以拿来抵抗抑郁与不安，可以持续做许多年而历久不倦还感受到乐趣的事情，那就是你真正的天分所在。

《创造101》：既然来了，当然要全力以赴啊

文／十三妹

《偶像练习生》结束没多久，讲偶像女团的《创造101》就来了。虽然选手们的表现，比我预计的"大型尴尬草根才艺大赛"要好很多，好几个参赛组合感觉可以直接出道，但节目里每个选手的每个失误，还是逃不过观众小姐姐的眼睛，"既然要做女团，就要全能"。几期看下来，这哪里是女团选秀，分明是我们这些平凡女孩的微缩人生啊！

女孩的人生，光有可爱是不够的

许多人都说，女团嘛，卖卖萌，不就可以了？那你大概是对女团有什么误会。《创造101》的舞台是金字塔形，分为从A到F五个等级，不论你是谁，来了之后都要被重新按照综合能力评级，依次入座，孰高孰低一目了然。

第一组出场的，就是打着可爱牌的组合，赛前采访她们自信地说："我们三个人成团，最大的优势是好看呗。"在台上也是嘻嘻哈

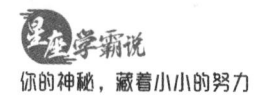

哈的傻白甜姿态。可她们的表演在一半时就被叫停了，导师Ella（陈嘉桦）生气地问："你来这里干吗呢？"黄子韬更是放狠话："没本事就回家。"

而A班满员后，后续选手的挑战更是整场高潮。当以嘻哈见长的Yamy（郭颖）走到强东玥面前，说"不好意思，这个位子暂时是我的"时，看起来软萌可爱的强东玥，霸气地回应道"我要求battle（对决）"，Ella拍手兴奋地叫起来："我等这一刻好久了！"

这一刻是哪一刻？只是单纯的一场battle而已吗？不是的。这一刻，是女孩子们明白人生不能只靠可爱的一刻；是她们懂得要为了自己想要得到的，去发狠、去争夺的一刻；是女孩子们忘掉身上的刻板印象，哪怕声音甜美，姿态也要勇猛的一刻。

当强东玥用甜美的声音说出"来battle"的时候，我们这些不够甜美的女孩就更应该明白：帮我们赢得人生的，永远不会是可爱啊！

你很勤奋？不好意思，我们只看结果

可爱不够加分，那勤奋呢？这么正能量的品质该不会出差错了吧？可是，这大概就是这个节目残忍的地方吧。在第三期节目里，101个女孩被分成了16组两两对抗，这16组的C位，分别是8名能力C位和8名勤奋C位。能力C位是导师们根据选手能力决定的，而勤奋C位，则是通过练习室监控中大家课后加练时间决定的。

按照正常的剧本，接下来就应该是励志少女翻盘的戏码了。可是，在最终的PK舞台上，虽然付出了更多努力，勤奋组的姑娘们还是输了。

大概节目组就是想说——你的努力就算被看到,对结果可能也不会有任何改变。人生只有可爱是不够的,只有努力,也行不通。残忍吗?可这就是现实呀!

重要的不是结果,而是你明知会输还在拼

既然努力也没有用,难道要直接放弃吗?当然不。其实,这才是我看这个节目的最大乐趣。说实话,我最初是因为"审丑"出名的3unshine(组合名)看的,甚至斥资充了会员来投票。她们出场时全体起立欢呼的样子,让我第一次被这个节目感动。每个欢呼的女孩都并非嘲讽,而是真的被她们的勇气打动,是真心地在为她们加油。只可惜,她们第二期草草准备的表演,太让人失望了。

让我惊讶的是在抖音唱歌成名的高中生段奥娟,和在第一期靠着帅气中性风圈粉无数的Sunnee(杨芸晴)。Sunnee原本被分在A班,但第二期重新测评时,主题曲是甜美可爱风,她嘴上说着抗拒,但还是比别人更卖力地练习,虽然最后还是被降到了B班,但我真心觉得她穿着粉红色裙子甜甜地笑着的样子,十分可爱啊!而段奥娟在第一期中用一曲《从前慢》惊艳全场,可导师让她跳一段舞时,她却只能尴尬地扭着身体,羞涩又僵硬。可在第三期里,她因为比别人加倍地练习,成为勤奋C位。

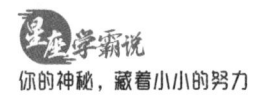

你的神秘，藏着小小的努力

既然来都来了，当然要全力以赴啊

到了这里，哪怕明知道自己永远无法站到金字塔的顶端，那也要尽自己的努力，能爬多高就爬多高。

作为女性观众的我反思了一下自己，说到底，我们对女团成员更严苛，是因为我们在这些女孩子身上投射了自己。她们的汗水、泪水、喜悦、勇敢，都是我们渴望在自己身上看到的品质，当她们遇到挫折、困难，我们也忍不住要把自己代入。谁都不希望那个自己是会被人轻易挑剔的，谁都不希望那个自己是面对困境轻言放弃的，所以，我们只能逼着她们，带着所有女孩的梦想，继续去拼。

当她们明知自己有着不完美的身材，或者不协调的舞蹈动作，也许再努力也挤不进B班，却仍然日复一日地在排练室挥洒汗水，绝不放弃时，我们也在各自的工作、生活中，面对着无数的困境，明知很难跨过，却仍坚定前行。C位只有一个，不是谁都能登顶。但那个拼搏的、努力的、珍贵的你，也只有一个，千万不能放弃。

少女们，世事艰辛，我们一起加油吧！

愿你敢放手一搏，纵无所得

文/曲玮玮

中学时，常有人叫我"学霸"。

其实，我只是成绩不错，吊儿郎当几年最后考进复旦大学了——但我真不是学霸。不是说我完全靠运气蒙混过关，我也热血奋斗过，每次临近考试，晚上一定猛灌几杯咖啡，看书到凌晨三点。跟真正的学霸相比，我少了孤注一掷的底气：他们可以从高一开始规划三年学习生活，从此目不窥园。他们敢放弃一所"985"学校，花一年时间复读，一定要考进北大。他们能心无杂念地把精力放在一件事上，而且这件事要等几年才能有结果。

而我呢？我忙于给自己开脱——高考结果是由各种因素共同决定的，甚至从天而降一场小感冒就能毁掉三年努力，成为人生的"癌症"。多学一个知识点也没什么用，毕竟距离三年后那场考试还有时间。所以啊，还不如洒脱点儿，白日放歌须纵酒。

我也知道"努力才有好成绩"的道理，可偏偏无法执行。因为离目标太远了，似乎所有的努力都虚无缥缈。大多数人浮躁而缺乏底气。

　　磨好一把利剑，我们希望马上能手握它去战场冲锋陷阵；朝山谷喊话，希望马上能听到回音。希望学过的技巧三天后就能派上用场，希望今天背诵的重点明天就能考到。即使有人耳提面命地告诉你"读书很重要""学英语、锻炼口才、健身很重要"，你通晓一切道理，却迟迟没有行动。因为你读一本书，书的内容与气脉成为你的血肉，需要漫长的时间来潜移默化；你坚持去健身房举铁，坚持早上练英语听力，得到的进步也很难即刻检验。

　　生活里太多事的反馈周期太长了，就像在茫茫大海中航行的小船，不见灯塔，不见彼岸。行驶在寂寞的航线上，太容易泄气而陷入崩溃。

　　我们更偏好反馈周期短的事。

　　我曾在一场演讲中分享过自己的"励志故事"，一个月平均每天只睡五个小时，最后以山东自主招生笔试第二的成绩考进复旦大学。

　　其实，相比三年寒窗，突击一个月并不难，当目标近在眼前，我们当然愿意咬牙为之冲刺。与其航行在苍茫大海，我们更愿意做那个投进湖底就闻听"扑通"一声的小石头。

　　想想看，大学里我们都是靠几天突击复习通过考试的，用一晚上熬夜奋战变身"学霸"，最后轻松拿到不错的成绩。而真学霸，是从开学第一节课就钻进图书馆看书的。所以，嗑瓜子能一口气嗑一个小时，学习却不行。嗑瓜子周期短，瓜子马上落肚，而学习的反馈周期太长，见效太慢，我们会感觉太多努力石沉大海，回报遥遥无期。

我很钦佩那些专注做一件大事的人。除了三年目不窥园的学霸，我的朋友中，有的愿意为了写一篇不一定会刊发的报道，调查奔波八个月；有的愿意为写一本可能会失败的长篇小说蛰伏一年；而有些科研人员甚至能为捉摸不定的项目献出漫长的一生。他们想必是寂寞的，像看不见海岸的水手，望不见火光的飞蛾，奔向无边天涯的侠客。他们不需要清晰可见的成就来支撑自我，甚至找不到世俗的标尺去衡量他们人生的进度。他们是真勇士，拿最宝贵的时间跟命运赌博。

我想，当有一天，你不仅愿意奔赴近在咫尺的成功，也愿意跋山涉水，尝试去征服远方始料未及的失败，那时，你听过的道理，就能支撑你过好一生了吧。

你究竟是怎么"打破砂锅问到底"的

我们是天蝎座（4）

20:00

天蝎君
听说你们遇到问题，不弄明白不罢休啊！

20:10

 小优优
没错，不弄明白说不好，总觉得不踏实！

 董卿
遇到问题，查资料、找同事问，哪怕只是一个细节，因为你这个环节出错了，可能会影响很多同事的工作。

20:24

 汪星宇
在纽约的时候，看到别人调酒，哇，真的是打开了新世界的大门，但是身边的同学都不会，所以我就去学，还考了证，嘻嘻。

天蝎君
不做学霸，誓不罢休！